SALTO

Kein anderer Name steht wie der von Ramón Gómez de la Serna für das überschäumende geistige Leben Madrids in seiner großen Zeit – den zwanziger und frühen dreißiger Jahren. Niemand in diesem Jahrhundert hat wie er hingebungsvoll über die Stadt, ihre Bewohner, ihre Straßen und Plätze geschrieben.

Gómez de la Serna promeniert hier durch eine Stadt, die der Besucher auch heute noch wiedererkennen kann. Den ›Rastro‹, auf dem zu Ramóns Zeiten das Gerümpel eines gewesenen Weltreichs und die Kleinigkeiten einer arm gewordenen Stadt verscherbelt wurden; die Plaza de Santa Ana, die Gran Via und die Pasaje de la Alhambra, einen Steinwurf und doch zwei Welten voneinander entfernt; die Plaza de Oriente, der einzige Platz im Herzen einer europäischen Metropole, von dem aus man einen weiten Blick ins Land hat.

Die schönsten Seiten Madrids in seiner besten und schwersten Zeit – vor und nach dem Bürgerkrieg –, sind hier beschrieben von einem Kenner und leidenschaftlichen Bewunderer: Ramón, Schriftsteller und zu seiner Zeit intellektueller Mittelpunkt Madrids.

Ramón Gómez de la Serna

Madrid.
Spaziergänge

Ausgewählt und mit einem Nachwort
von Fritz Rudolf Fries

Aus dem Spanischen von
Gerda Schattenberg Rincón

Herzliche Glückwünsche
zum 70. Geburtstag
von Jürgen
und
Marianne

Verlag Klaus Wagenbach Berlin

Teilnehmer des ersten Roller-Rennens von Zaragoza nach Madrid

Inhalt

Madrid.
Spaziergänge

Truthahnverkäuferin

Litanei von Madrid

Was Madrid am meisten kennzeichnet, ist Stil, ein sorglos verschwenderischer, lässiger Stil. Stil, zu flanieren und zu leben, Stil, sich architektonisch hervorzutun, und Stil, sich die *capa* überzuwerfen.

Madrid legt in seinen Stil alles hinein, was es berührt, sagt und schreibt. So ist ein Glückstreffer seines Stils, daß ein populäres Dancing El Céfiro – »die leichte Brise« – heißt.

Da Madrid nun einmal dieses expansive, komplexe Etwas, das sich Stil nennt, besitzt, kann mitten zwischen den alten Häusern ein Hochhaus entstehen, das sich sofort mit seinen Nachbarn verbrüdert und ihren einfachen, noblen Stil annimmt.

Alle Gebäude schwimmen auf dem Trockenen, in einer Richtung, die sie durch den Stil erhalten, und wer sie von der Höhe aus betrachtet, erkennt, daß jeder Häuserblock einen großen Überseedampfer bildet, der, auch wenn er kein Überseedampfer ist, trotzdem nicht aufhört, jene Einheit zwischen Passagieren und Mannschaft, wie sie auf großen Schiffen herrscht, zu stiften.

Bei meinem letzten Spaziergang durch Madrid fand ich bestätigt, daß Vergangenheit und Zukunft in der Stadt Hand in Hand gehen, unbeeinträchtigt, freiweg und jedermann das gleiche Leben erlaubend. Schon der Hidalgo ging durch die gleichen Straßen, nahm die Stadt in Besitz, die sich heute noch mehr dem Spaziergänger öffnet. Madrid ist heute noch mehr Madrid als zu meiner Geburt, denn es ist nach einem großen Modell entstanden, im Einklang mit dem klassisch-modernen Ideal einer großen Stadt.

Reich an Bedeutung für alle Tage, und nicht nur für den Touristen, sondern auch für den ständigen Bewohner, ist es von Grund auf eine Stadt, älter als die Phönizier, und das Kreuz, das es auf den Karten bezeichnet, kann nicht darüber hinwegtäuschen, daß es der Mittelpunkt der Welt war und immer noch ist, denn es bewahrt an den Brunnenrändern seiner Straßen die Erinnerung an das, was es einmal war.

Im Unterschied zu Paris, London, Rom oder Berlin weiß man in Madrid, welche Antwort Spanien in der Konfrontation mit dem gesamten Universum darstellte und was sein hoher Himmel unverhüllter Sonnen und Monde bedeutete.

Es ist der einzige Ort, der den Vorzug hat, sehr wohl zu wissen, was ein Franzose oder ein Engländer ist; daher seine Mission, die scheinheilige Diplomatie der Welt zu durchbrechen.

Alles harmonisiert in Madrid, und man kann sich seinem weiträumigen Rhythmus anpassen, der es erlaubt, die Spaziergänge immer abwechselnd zu gestalten: von San Francisco el Grande bis zur Uferböschung des Flusses, von der Castellana zur Plaza de Oriente, im Prado verweilen, danach zur Puerta del Hierro gehen und an der Puerta del Sol oder der Pacífico den Abschluß finden.

Der Stadtchronist findet dank dieser großen geschwisterlichen Vielfältigkeit immer wieder neuen Stoff, und seine Chronik gestaltet sich stets anders.

Madrid, nur Madrid kann über eine stattliche Frau sagen, daß sie von »skulpturaler Schönheit« sei.

Madrid erinnert an die Maxime von Epiktet: »Du machst dein Volk nicht größer, indem du die Dächer seiner Wohnungen erhöhst, sondern die Seelen seiner Bewohner.«

Manche Tage verleiten zum Müßiggang – andere wiederum sind elektrisierend, dann wollen sich sogar die Waffenrüstungen des Königlichen Zeughauses erneut in den Kampf stürzen.

An dem Tag, an dem es Arroz a la madrileña gibt, legt sich die Hausfrau eine Mantille aus Reisspitze um.

Madrider Liebesträume, um 1920

Welches das typischste Geräusch von Madrid ist? Der Klang der Perlenschnur von Kichererbsen, die in die Schüssel fallen, in der sie zum Einweichen über Nacht aufbewahrt werden.

Wir bestehen auf unserem Recht auf einen *soplillo** und an der Theke ein heißes Würstchen. Nichts mehr und nichts weniger. Madrid ist wie eine dieser ärmlichen alten Frauen, die ihr Schultertuch mit Kaffee wieder verjüngen.

Madrid ist, ein schützenden Überzieher zu haben, mit dem man ruhig auch zu Begräbnissen in der Abendkühle gehen kann. Wer eine solche kurze Pelerine, cazadora genannt, trägt, kann genausogut ein Zivilkommandant als auch ein Aufseher in den Diensten der Stadtverwaltung sein.

Madrid ist ein Ort, an dem sich niemand um den anderen kümmert und wo die Frauen verschleiert oder in Lumpen gekleidet gehen können.

Seine Bewohner haben nicht die Art von Touristen, die in ihrer eigenen Stadt geboren sind, wie es in anderen Hauptstädten der Welt zu geschehen pflegt. Madrid war niemals bestrebt wegzugehen, sondern immer zu bleiben.

In Madrid heißt es heute wie gestern und morgen: »In der Sonne liegt die Wärme des Heims«, und die Stadt ist nachgiebig, jovial und versöhnlich. Im Vergleich zu anderen Hauptstädten muß man Madrid als Dachboden akzeptieren, wo das Modell des menschlichen Archetyps aufbewahrt und erhalten bleibt, dank der Tatsache, daß es sich immer wieder selbst neu hervorbringt, sich als reinen Altar Gottes betrachtend.

Das ursprüngliche Felsgestein, funkensprühend, auf dem Madrid erbaut wurde, bildet seine Hirnschale, es bewahrt das Pergament der Haut und den Stein des Schädels, in dem das Protogenie nistet, das dem Tod ohne Furcht ins Gesicht schaut.

* Die mit einem Sternchen gekennzeichneten Namen und Begriffe werden am Schluß des Buchs erläutert.

Mit dem Madrider Licht muß man einen besonderen Pakt schließen, sonst kann es einen verschlingen, wie es Könige und Stierkämpfer verschlungen hat.

Madrid ist eine Ecke im Wind, in der Kälte und der Sonne der Gerechtigkeit, ist ein junger Mann mit Mütze oder ohne, der auf niemanden wartet, denn er steht Wache für den Fall, daß uns das Fremdländische überfällt.

Die Peripherie Madrids als Mittelpunkt Spaniens ist so vollkommen, daß man nicht weiter zu suchen braucht. Es gibt nichts Vollkommeneres, so treffend wurde sie durch die Jahrhunderte gestaltet und verteidigt.

Madrid lehrt beharrlich wie ein Grundschullehrer – unser erster Lehrer, der immer noch am Leben ist – ein anständiges Leben ohne größere Ambitionen als lesen und schreiben können und lernen, den Himmel und die Erde zu betrachten, denn Madrid ist, nichts zu haben und alles zu haben. Es bietet weder Beschäftigung noch Bereicherung, aber es hat dennoch Fortdauer.

Madrid erholt sich von halb zwei bis zwei Uhr nachmittags, es versichert sich seiner Wahrheit und vergißt alles, woran man sich nur ungern erinnert.

Zu dieser Stunde der Waffenruhe kommt der Herr nach Hause, von dem das Hausmädchen sagt: »Er kommt immer nur zu den Essenszeiten«; dann wird an den Haltestellen von Wagen, Ochsen- und Eselskarren an das Leben gedacht. Das ganze Papier liegt in weißen Stapeln, eingewickelt in blaues Packpapier, als ob das Gedruckte seiner Weiße zurückgegeben wäre, und da mitten hinein tritt ein Herr, um sich ein Törtchen zu kaufen, obwohl ihm deswegen den ganzen Tag der Bauch weh tun wird.

Madrid ist, keine Gotik zuzulassen. Alles, was mit Gotik zu tun hat, zieht in Madrid den kürzeren. Vielleicht aufgrund eines uralten Grolls gegen die Goten. Wir konnten meine Schwester in größte Wut versetzen, wenn wir sie Gotin nannten, am schlimmsten aber war es, wenn wir sie aus welchem Grund auch immer Gotin aus der Mancha riefen.

Etliche unserer Onkel, die zu Hause gotische Stühle besaßen, wurden blaßgesichtig und starben, und eine meiner Tanten, die sich aus einer gotisch verzierten Glasveranda beugte, bekam eine Harnvergiftung.

Madrid ist, sorglos und hochmütig einen Pelz im Schrank hängen zu haben, einen schon abgetragenen Pelz oder einen nagelneuen, der aber uns allen – ob jung oder alt – die gleiche Abstammung verleiht.

Der Madrider verlegt seine ganze Energie und seine ganze Sensibilität darauf, den Tag verdient zu haben, den er verbringt, und ihn bis zur Neige auszukosten.

Dem Madrider fallen die geeigneten, wohlklingenden Worte ein, ohne daß er lange nach ihnen suchen muß, schöpfend aus einem Schmelztiegel, der in den Grundfesten der Stadt lebendig weiter wirkt.

Madrid ist der Kampf der tiefen und der überhöhten Töne, eine Mischung der beiden Stile zu denken und zu fühlen, ohne in Blasiertheit oder gar Impertinenz zu verfallen.

Der verständige Blick des Madriders ist der Tatsache zu verdanken, daß er, weil er nicht in einem fort nur stirnrunzelnd an Geschäfte denkt, ruhigen Blicks in die Welt schauen kann.

Aus allen diesen Gründen ist Madrid ein Haufen einfallsreicher Menschen, die das große Wunder zu leben vollbringen und wissen, daß der Witz etwas sehr Ernstes ist, der den Menschen verändern kann.

Eines Tages werden Sie nach Madrid kommen, um sich die lebendigste Stadt der Vergangenheit und der Gegenwart anzusehen, eine Stadt, die genauso ist, wie Städte sein sollten, die über Moden und Manieriertheiten erhaben sind, voll des alltäglichen Lebensmutes aus dem ersten und zwanzigsten Jahrhundert.

Madrid hat neue Dächer und Türme emporwachsen sehen – darüber ist es immer sehr zufrieden –, aber das wirkliche Gefühl, am Königshof zu leben, zeigt sich, wenn man im Vorübergehen hört:

»Im Jahr der Polka, wenn ich sterbe.«

»Ich sage dir, daß Kybele* auf griechisch Mittelpunkt der Welt heißt. Solange wir leben, gibt es Monologe.«

Madrid ist auch, Lastträgern zu begegnen – heute ist nicht einer mehr auf der ganzen Welt zu finden –, mit ihren breiten Gurten über der Brust gekreuzt, die dich plötzlich um Feuer bitten; an einem Lokal ein Schild sehen, das in die Augen springt: »He, du, heute gibt es Kaldaunen!«; und daß einer der Bettler auf der Plaza de Santa Ana auf die Statue Calderóns zeigt und dich fragt: »Soll ich Ihnen ein paar Verse dieses Herrn vortragen?«

Madrid ist das alles und viel mehr, eine Mischung von urwüchsiger Präpotenz und Delikatesse, ein idealer Punch aus Zitrone und Bier.

Madrid ist, daß Goya uns wieder gefangennimmt, sobald der Frühling beginnt, ist, den Caballero mit dem kurzen Überzieher vorübergehen zu sehen.

Es ist die Magie des Schilfrohrs, in das die *churros** gewickelt sind und das an die binsenbewachsenen Ufer des Manzanares erinnert.

Es ist die Lust zu sehen, wie Gläser, Kelche und Tassen dermaßen fröhlich werden, daß man sagen möchte: »Los, hinaus auf die Straße, denn die Freude der Gläser, der Sonne und der Zeit ist ausgebrochen.«

Es ist jene Zutraulichkeit, mit der die Fenster zur Straße hinaus geöffnet werden, die man sonst nur noch in Neapel findet.

Es ist, viele kleine Terrassengärten anzulegen, um das Gestolpere beim Hinauf- und Hinuntergehen der steilen Gassen und Abhänge zu überspielen.

Es ist, sich plötzlich in einen hellerleuchteten Keller zu beugen, wo sich in dazugehöriger Staffage die Taucher der Fechtkunst herausfordern.

Es ist das Helldunkel des Geräuschs, wenn der Wagen von der gut gepflasterten zur Holperstraße überwechselt und ein Krach, der die Seele wach rüttelt.

»Der Stierkämpfer Diego Mazquiarán, genannt ›Fortuna‹ nahm seinen Mantel zu Hilfe, als er mitten auf der Gran Via vor den Augen der entsetzen Passanten mit einem durchgegangenen Stier kämpfte und ihn tötete.«
ABC, 24. Januar 1928

Es ist ein spezielles Herumgeflattere in der Nacht, wenn die Geschäfte schon geschlossen sind und man die Tändeleien, die den hübschen Zigarettenverkäuferinnen galten, wie Reste der Verpackungen von Zigarettenschachteln herumfliegen sieht.

Wenn Schnee gefallen ist und die Kinder sich auf der Straße mit einem Stuhl vergnügen, der sich in einen Schlitten verwandelt.

Es ist, einen gelegentlichen Hunger ertragen zu können und die Fassaden und Balkone zu verspeisen, als hätte eine Keksfabrik die Häuser erbaut.

Es ist eine Kette von Touristen, die mit einem großen Koffer voller Bewunderung in der Hand ins Museum gehen.

Es ist, daß mitten in der Nacht einer ruft: »Wir wollen in eine *churrería* gehen!«

Es ist, den Mond Pepa la frescachona zu nennen.

Es ist der Ort des furchtlosen Todes.

Es ist, daß die Lungenentzündung sagt: »Ich suche mir die besten aus... Ich werde mir doch keinen unsympathischen nehmen.«

Es ist, daß die Luft voller Festtagsstimmung ist.

Es ist, die Stadt um fünf Uhr nachmittags zu durchwandern und um neun Uhr abends mit einer dreidimensionalen Landkarte im Herzen nach Hause zu kommen.

Es ist zu wissen, daß die Abendkühle von der Plaza de Oriente kommt.

Es ist, die Hände besser als jeder andere auf der Welt in die Hosentaschen stecken zu können.

Es ist, Zeit zu gewinnen für den Aufstieg der Seele, denn man lebt in den Tag hinein, weil man eine Verabredung im Himmel hat.

Es ist eine Gemeinschaft von ideenreichen Leuten, die das Wunder vollbringen, mit einer Goldmünze, die ihnen die Großmutter hinterlassen hat, das Leben zu bestreiten.

Madrid ist das Lachen eines Mundes, der mit seinem gezwirbelten Schnurrbart wie hoch in die Luft gereckt wirkt, und so wie man in anderen Städten – von Mailand bis Paris – eine kollektive Ambition verspürt, herrscht in Madrid das allgemeine Desinteresse.

Ganz Madrid wird zum Symbol von etwas anderem, und so fädelt der Morgen durch den Arco de Alcalá – eine Art Kleiderbügel von Kriegerhelmen und Rüstzeug – seinen weiß-goldenen Faden.

Der Schatten seiner Größe wird nicht kleiner, und es genügt eine einzige Straße, etwa die Calle del Pez – es muß nicht die berühmteste sein –, um zu beweisen, daß von Madrid aus die Aristokratie aufgebrochen ist, um sich in Peru anzusiedeln. Sie gab ihre bequemen, warmen Paläste auf, um dort die Sonne aufgehen zu lassen, die sich unter der heruntergebrannten Kohlenglut im Feuerrost ihrer Wappen dahinschleppte.

Alles ist wieder da, lebt ein neues Leben, und darum hat es solche Bedeutung, am Totensonntag, dem Scheitelpunkt, an dem die Lebendigen und die Toten im gleichen Feuerrad kreisen, die gleichen *buñuelos* aus Wind und die gleichen *huesos de santo* miteinander zu teilen.

Es bringt manchmal nur das Gegenteil hervor, die Anekdote in dem Winkel zu suchen, in dem man sie zum ersten Mal vernommen hatte, denn sie hat sich in alle Türeingänge verstreut, genauso wie sie sich auch zuerst in einem von ihnen eingenistet hatte.

Madrid ist eine theatralische Stadt – jeden Tag eine Premiere –, und eine Vielzahl von Theaterleuten verbringt schlaflose Nächte, wenn sie versuchen, eine allzu verstaubte Handlungsintrige zu modernisieren, wobei sie sich vergewissern, daß die in dem Stück vorkommenden Marquisen keinen in der Wirklichkeit vorhandenen Titel tragen:

Miraflores?
Gibt es.
Pie de Concha?
Gibt es.
Almazán?

Gibt es.

Schrecklicher Konflikt, in dem sich die Komödienschreiber befinden, und so ersetzen sie einfach Namen wie Concha durch Nácar und Miraflores durch Mira el río.

Alles Börsianer, die noch niemals die Börse betreten haben, weder als Gaffer noch als eifrig Beteiligte, die nur wissen, daß die letzte Sonne die Treppe der Börse – Frisiersalon der Armen – bescheint und der letzte Stand des Goldwertes mit dem letzten Sonnenstrahl gefeiert wird.

Madrid ist, über die Puerta del Sol zu gehen, als ob hier das Taufbecken für die Segnung eines jeden Tages steht, weshalb man darauf beharrt, sie mit Fontänen in der Mitte auszustatten – und dort, an ihrem Rande, sich ihre Umrisse anzusehen und sich zu ihrem Rund herüberzubeugen, wo immer so etwas wie eine Corrida stattfindet, an der wir alle teilhaben, als Bürger und Stierkämpfer. Kahl ist sie – kahl wie alle großen Stierkampfarenen – und jetzt mit noch weniger Schutzwänden als zuvor.

Wenn man über die Puerta del Sol gegangen ist, kann man zu jeder beliebigen Seite weitergehen, entweder die zukunftsweisende Gran Vía genießen oder die Plaza de Oriente noch einmal ins Gedächtnis rufen, auf der es genügt, auf den Sockel der Statue, die in ihrer Mitte steht, zu steigen, damit alle Erinnerungen des geborenen Madriders wach werden.

Madrid ist Improvisation und Ausdauer; Tourist sein in der eigenen Stadt, in der man geboren ist, und gleichzeitig alteingesessener Madrider; ist, in einer Schlange zu stehen oder die in einer Schlange Stehenden vorbeigehen zu sehen und wissen, daß sie das Warten auf den Omnibus oder was auch immer genießen; ist, auf der Plattform einer Straßenbahn zu fahren und daß ein Herr, den man komisch ansieht, sich über den fest auf ihn gerichteten Blick nicht erbost, sondern vor sich hin summt: »Mich nennt man den Caballero de Gracia!«; ist, daß Fische aus allen vier Himmelsrichtungen kommen, Fische aus den achtzehn

Meeren, und jeder das Recht auf ein Meereskaninchen hat, denn das ist die Meerbrasse, und Austern als Kitsch aus dem gallischen Rokoko verachtet; ist, daß ein Amerikaner, der Spanisch spricht, sich als Cousin von Lope de Vega fühlt; ist, daß sein Stadtheiliger, San Isidro, Schutzheiliger der Herbergen ist und nicht Schutzheiliger der Katakomben; ist, daß wir beim Spaziergang auf dem Paseo de Prado fühlen, daß wir durch die Landschaft der Bilder des Museums gehen, und daß wir glauben, wenn wir durch den Retiro wandeln, die Urwälder Amerikas zu durchstreifen, usw. usw...

Madrid, mit Banken überzuckert – alle Eckgebäude sind dadurch Prunkbauten –, hat nicht eine Bankenstraße oder ein Bankenviertel, sondern scheint sich in jeder Straße mit Banken oder Versicherungen zu brüsten.

Seine Armut – Armut? – ist reich an Banken und Lebensversicherungen, und sie zahlt Illusionen in die Tresore der Banken, die ihr auf dem Weg entgegenkommen.

Der Passant fühlt sich immobilisiert zwischen monstruöser Wolkenkratzerarchitektur und schlichten Häusern, reich an Balkonen auf halber Höhe.

Die Einbildungskraft des Menschen, der durch die Straßen spaziert, findet im Madrider Ambiente Nahrung für seine großen Entwürfe, und wenn er malen könnte, was er sieht, würde sich eine phantasmagorische Stadt herausbilden. Und darum hat sie seit einem halben Jahrhundert eine wirkliche Gran Vía, während das Dekor der Zarzuela *La Gran Vía* bereits sein Großstadtpanorama in der Weltausstellung von 1855 verwirklicht sah.

Diese Luftgespinste Madrids, über sein Wachstum und seine Luxuriösität, sind eines der wundersamsten Phänomene der Stadt, ihre Verwandlung zur Apotheose hin, ihre Anhäufung von Gebäuden, ähnlich den Palästen, die ein römischer Kaiser auf seiner Ferieninsel auftürmte.

So läßt sich denn nicht einfach sagen – das wäre nicht gerecht –, daß Madrid von seiner Vergangenheit lebt, denn es geht so sehr darüber hinaus, daß es von seiner Zukunft lebt, sie in seiner Gegenwart verwirklicht, denn für Madrid ist nicht nur das Leben, sondern die Stadt Traum, und die Träume können alle Herrlichkeit haben, die sie wollen.

Wie es hinter dem Hospital General tatsächlich die Calle del Niño Perdido, die Straße des verlorenen Kindes gibt, zwischen der Calle de Atocha und der Calle de las Huertas, so gibt es die Calle del Niño Prodigio, die Straße des Wunderkindes, in der sich ein zwölfjähriger Junge nach Herzenslust sämtliche maurischen Schlösser vorstellen kann, und gibt es sie doch wieder nicht.

Ob es die Calle de los Desamparados, der Schutzlosen, gibt? Jedenfalls existiert im Gegensatz dazu, in der Phantasie, aber mit der gleichen Essenz an Optimismus, als ob es sie geben würde, die der Geschützten, die Calle de los Amparados.

Daß es ohne allen Zweifel die Cuesta de los Ciegos, den Hang der Blinden, gibt, als jähen, spöttischen Abgrund für die Augen? Nun gut, an anderer Stelle, als phantasmagorische Stufe zum Himmel, existiert die Cuesta de los Videntes, der Hang der Sehenden.

Wenn es ein waschechter Madrider ist, der den Fremden führt – davon hängt alles ab –, wird er wissen, welchen Knopf man an welcher Wand drücken muß, welches Zauberwort man an welchem Ort sagen muß, wie man den Zeigefinger vor dieser Terrasse oder jenem Turm zu erheben hat, wie man auf den krähenden Wetterhahn zeigt oder wie man vor der Kirche Santa Cruz sagen muß: »Die höchste Burg Spaniens!«, und so wird er im Fahrstuhl mit seinem Gast zum Regenbogen hinauffahren, der jeden Tag als ein Regenbogen von Dauer den Himmel Madrids verschönt.

So ist Madrid, das zur Tageszeit breite, sonnendurchflutete Straßen bietet, die Lust machen, zu essen und zu leben, das eine unschätzbare Nacht besitzt – es ist gerade nachgewiesen worden, daß Nachtschwärmer nicht von der Grippe heimgesucht werden –, durch die jene wandeln, die zu den Sternen gucken und freiwillig für sie Wache stehen.

Daß in seiner Beschreibung ungeschliffene Bilder vorkommen, spricht nur für seine tolerante Güte, denn Madrid ist genau die richtige Dosierung, damit nichts Zerkochtes herauskommt, das nicht zu ihm paßt.

Die Stadt ist nicht in groben Pinselstrichen zu malen, sondern stets muß ihr zartes, heiteres Profil, das sie charakterisiert, herausgearbeitet werden, denn sie ist immer feinsinnig, so sehr sie das auch hinter einer aus übertriebener Bescheidenheit geborenen Präpotenz verbirgt, um sich populär zu machen.

Madrid ist ein Altar, für dessen Kult es standhafte Ritter gibt, die ihn immer wieder verteidigen.

Madrid ist ein Sich-lustig-Machen über Lebendiges und Totes, was nicht dem andalusischen gleicht; das nämlich hat nicht die Verbindung zum Tod, was ihm den herausfordernden, unverschämten Ton nimmt.

In Madrid gibt es die meisten Kindermützen auf der ganzen Welt.

Madrid ist, in fortgeschrittener Nacht das Bellen und Miauen des Alten zu hören.

Madrid ist so romanhaft, daß sein vollkommener Roman der des Ungeschehenen ist.

Madrid ist so empfindsam, daß ihm eine Spule weißen Garns auf dem Eßzimmertisch an einem eiskalten Tag noch mehr Kälte verursacht.

In Madrid hörst du eine Mutter rufen: »Ich werde dir den Hintern versohlen, bis er rot wie eine Tomate ist!«

Madrid ist, seine gute Laune zu bewahren, auch ohne einen Pfennig in der Tasche, und nicht mehr zu wissen, mit welchem Geld man gekauft hat, was man zu Hause hat.

Madrid ist, nichts anderes sein zu wollen als das, was man ist.

In Madrid kann ein Kaninchenjäger nach Hause zurückkommen, noch bevor er überhaupt bis zum Bahnhof gekommen ist, weil die Schuhe zu unbequem oder nicht warm genug waren.

Madrid heißt, in brüderlicher Gastfreundschaft zu akzeptieren, daß alle Herbergen voller Extremeñer sind.

Madrid ist der Gesang der Nonnen am frühen Morgen, wenn sich gleichzeitig die Bettlerinnen ohne Bleibe in den Brunnen waschen.

In Madrid wissen diejenigen, die auf dem Balkon ihres Clubs stehen, daß sie von der Gewerkschaft benachrichtigt werden, und sie lächeln den Vorbeigehenden zu, weil sie annehmen, daß sie noch größere Nichtstuer sind als sie selbst.

Madrid ist, wie eine Schildkröte unter dem Schrank zu Hause zu warten, daß der Frühling kommt.

In Madrid prahlt keiner mit seinen Kneipentouren, das ist provinziell.

Madrid, das ist, etwas von allen Seiten zu betrachten, die Frage von den Füßen auf den Kopf zu stellen, den Stier am Schwanz zu packen und ihn im gefährlichsten Augenblick herumzuwirbeln.

Madrid hat sein Phlegma, und die Gleichgültigen aus den ärmeren Vierteln dienen ihm zur Zufriedenheit.

In Madrid begeht niemand Selbstmord, um nichts in der Welt; erstens, weil niemand in Madrid Lust hat, sich umzubringen; außerdem hat sein Fluß kein Wasser; und endlich sind die Pistolen in Madrid so alt, daß man nicht einmal auf dem Flohmarkt Patronen für sie finden würde.

Madrid ist das große Geschäft von Pfennigen, für das kein Kapital nötig ist und das sich abends bietet, wenn sich mitten im Kreis einer neugierigen Menge eine langsame Echse bewegt. »Die geheimnisvolle Echse. Gebrauchsanweisung im Umschlag.« Die Gebrauchsanweisung erklärt, daß das Spiel darin besteht, eine Fliege auf die Papiersilhouette zu kleben.

Madrid ist das Begräbnis eines Zarzuelaproduzenten, der den Taugenichtsen viel Geld einbrachte, und daß jemand auf die über das Grab Gebeugten zeigt: »Alles *sablistas*.«

Karnevalszug

Madrid ist eine zweistündige Diskussion mit angekündigtem Besuch beim Direktor der Akademie, ob es *sablista* oder *sabalista* heißt.

In Madrid hat einer um vier Uhr morgens den Einfall, in eine abseits gelegene *churrería* zu gehen, in deren Öfen das Feuer so hell brennt, als wären sie Öfen der nächtlichen Asphaltmaschinen: »Laßt uns *churros* in der Hölle essen!«

Madrid ist Hoffnung und Freude an der Klarheit des Denkens.

In Madrid gibt es immer eine offene Kirche, als Zuflucht oder zur Beichte.

Madrid ist der Spaziergang eines Rentners, dessen Pension die Freude am Spaziergang von morgen und dem von heute ist.

Madrid ist ein Ort mit wenig Palmen.

Madrid ist, allen Ernstes zu glauben, daß es Reichtum bedeutet, die Muster auf den Geldscheinen anzustarren, die als rundliche Riesengesichter an der Fassade der Banco de España prangen.

Madrid ist, nicht an das zu glauben, was sich entfernt, sondern an das, was ist, was sich verpuppt, sich in sich selbst zusammenrollt.

Der Romancier, der in Madrid behauptet, man könne seine Ehre auch aufs Spiel setzen, ohne daß Liebe mit im Spiel ist, verflüchtigt sich wie Nebel, den es niemals wirklich gab, und wird sofort wieder vergessen.

Ehrenhaftes Leben voller Liebe, dauerhaftes Leben ist das Leben in Madrid. Es kann ruhig ein Schatten von Sünde darauf fallen, wenn das Licht der Leidenschaft und der Entsagung den Schatten löscht.

Mitgefühlt und Zärtlichkeit sind Elemente, die dem Madrider Roman gut zu Gesichte stehen, und sie erlauben den Wahnsinn und das Delirium als vorzügliche Begleitung.

Das Angenehmste an Madrid ist seine Unempfindlichkeit und Unveränderlichkeit, und darum lächele ich denen zu, die etwas anderes behaupten.

Ein Bettler wird geweckt, 1928

Madrid bewahrt seinen einzigartigen Lebensstil, spekuliert mit nichts anderem, als sich den kommenden Tag über die Brüstung eines Balkons zu lehnen oder ein wenig spazierenzugehen.

Es hört nicht auf, modern zu sein und sich zu verbreitern, und doch gibt es Nachmittage, an denen es den schönsten troglodytischen Aspekt annimmt, denn es hält zusammen mit dem neuesten Stil seine kontemplative Mission – sie ist größer als der Wunsch zu sparen oder zu essen – aufrecht, bewahrt seine Idee vom reinen Leben seit dem ersten Tag der Schöpfung.

Madrid glaubt an den Müßiggang und nicht an das Geschäft, und in ihm geht, wer niemals weiß, wohin er gehen soll, überall hin.

Dieses innig geliebte Madrid, unser Madrid, läßt uns an einer Ecke stehenbleiben, und wir lassen unser ganzes Leben Revue passieren, mindestens seit Calderón.

In Madrid halten alle Menschen, wie die Löwen, einen Mittagsschlaf.

Madrid ist ein herrlicher Ort, an dem die Seelen, die lebenslänglich bekommen haben, glücklich leben können.

Madrid ist, Arm in Arm mit der Cibeles bis zur Plaza Mayor spazierenzugehen.

Das Ideal der Madrider ist, die Asche der Zigarette so lange wie möglich zu halten, ohne daß etwas herunterfällt, und so die Unsterblichkeit des Vergänglichen zu erlangen.

In Madrid kann man ein Geschäft entdecken, das Kunstgegenstände aus Kork verkauft, und noch Jahre später feststellen, daß es weiter existiert.

Madrid ist, dabei zu sein, wie die *churreros* ihre *churros* machen, als würden sie Falschgeld herstellen, ein bißchen illegal in der Nacht, doch ganz legal in der Frühe.

Madrid ist, eine Frau zu sehen, die einen Krug voll mit Milch trägt, wie wir meinen, der aber in Wirklichkeit voll mit Fruchtsaft ist; in Madrid ist offenbar die Hälfte der Bevölkerung in einer Straßenbahn geboren: »Gestern kam ein

Kind in der Straßenbahn nach Carabanchel zur Welt«; ist, Abendbrot zu essen, sobald die Abendglocken klingen; Madrid ist die Auflösung einer Prozession durch das Gewitter und zu sehen, wie rennende Priestergewänder sich in die Nadelkissen des Regens verwandeln; ist, einen Paso doble sehen und beobachten, wie das Schlagen der Absätze die hübschen Mädchen erzittern läßt. Madrid endlich ist, daß der Ur-Madrider in dem Lokal, dessen Spezialität Tintenfisch ist, sagt: »Geben Sie mir von diesem ekelhaften Polypen.«

Wir, die wir Madrid verstehen, sind immer zu einem Gespräch bereit, denn wir sind das Fertige im Unfertigen und hassen den Kunstgriff des allzu Vollendeten.

Am Morgen danach leugnet Madrid, was ganz offensichtlich in der Nacht passiert ist, etwas, das Paris zum Beispiel nicht leugnet, weshalb es von seinen Sünden nie freigesprochen wird.

Madrider sein, heißt, die schlaue Nummer eins zu sein, zwar auch immer ein wenig erschrocken, so sehr man auch bereit ist, komme was da wolle über sich ergehen zu lassen.

Das Drama zu erleben, nicht zu wissen, wohin man gehen soll, aber sich an die Lösung zu klammern, zu wissen, wo man sich gerade befindet, wo man bleiben kann.

Madrid mag diesen oder jenen impertinenten Menschen hervorgebracht haben, aber es formt auch den schüchternen Charakter.

In Madrid fühlen sich die Straßen in einer Vaterschaft mit der Mutterschaft verbunden; darum ist es der einzige Ort, an dem niemand ein Waisenkind ist.

In Madrid ist eines der auffälligsten, bei aller Beiläufigkeit wichtigsten Dinge an der Puerta del Sol der Verkauf von Schuhsohlen in den Auslagen der Schuhputzer, wo sie von innen und außen zu sehen sind, und daß der Besitzer des Standes sagt: »Heute habe ich nicht ein einziges Paar Sohlen verkauft.«

In Madrid hört man überall die Rufe: »Gummis für den Regenschirm! ... Gummis für den Regenschirm! ...«, die die Verkäufer feilbieten, als wären es dressierte und auf Stöckchen gerollte Regenwürmer...

El Gato Negro und El Gato Blanco

Wie ich nach meinen Wiederbegegnungen und Nachforschungen im Madrid meiner Nostalgie feststellen konnte, sind viele Dinge wiederhergestellt worden.

Jeder, der aus Madrid kam – niemals werde ich mir ihren Hang zur Lüge erklären können –, erzählte mir, daß es das Café El Gato Negro nicht mehr gebe, aber wie groß war mein Erstaunen, als ich es genau wie früher vorfand, Schatztruhe meiner schönsten Erinnerungen, mit seinen kabbalistischen und bagatellistischen Katzen, seinen Plüschsofas, den Bistrostühlen und den Marmortischen.

Das Gato Negro wollte das Pariser Chat Noir sein, blieb aber eine Madrider Katze, gut genug, daß die wirklichen Katzen unter den Literaten und Passanten, die die geborenen Madrider sind, die Katzen der Schneidereien, der Portiere, des Ateneo und der Zeitungsredaktionen, in ihren Sprüngen innehielten.

Es war nie ein Café als Endstation, sondern Zwischenhalt, Station zum Plaudern zwischen vielen anderen. Aber die Zeitspanne, die man dort verbrachte, war vollkommen, erfüllt von der Sicht auf die Wirklichkeit, mit Blick auf die Calle del Príncipe, eine Straße mit Podest.

Eine etwas düstere Kapelle, von der aus man jedoch alles im Blick hatte, der Ort, an dem man ausrief: »Wie lange habe ich den nicht gesehen!«, oder sich im Namen eines Freundes irrt, weil er dem sehr ähnlich sieht, der durch die Drehtür kommt, obwohl ihn die Erde schon vor langer Zeit verschlungen zu haben schien.

Durch das Fenster konnte man das lebendige Madrid vorbeiziehen sehen, das sich noch fröhliche Mittagessen erlaubt, um für den Rest des Tages auf das Barometer mit kapuzengekleideten Mönchen zu schauen und Ferien zu machen.

Lebhaftes Treiben, Wirbel von Gedanken und Entscheidungen, kurzes Atemholen, bevor man sich wieder aufs Geratewohl ins Getümmel stürzt. Es gibt eine Verbindung durch die Hintertür zur Eingangshalle des Theaters, durch die aber nur der schlüpfen darf, der die Quittung seiner Eintrittskarte oder die Marke für den Kontrollabschnitt vorweisen kann.

Nachmittags kamen die alten Politiker mit ihren Neffen und Enkeln durch diese Tür und luden sie zur Pause ein, überzeugt, daß sie ihnen noch die Präsidentschaft des Ministerrats vererben konnten.

Die Kellner – ich habe sogar noch einige aus der guten Zeit wiedergetroffen – bewegten sich, als wären sie Schauspieler, es war angenehm zu beobachten, wie sie den Kaffee servierten, als bewegten sie sich wie vollendete Schauspieler auf der Bühne.

Weises, zurückgelehntes Observatorium, ist es wie eines der Katzenepen von Lope oder Quevedo, und an dem Tag, an dem es schließen sollte – Gott behüte –, wird der Müllwagen ein Prachtstück von Katze abholen, die laut und kräftig miauen konnte und, auch wenn sie gestorben ist, nichts vom Geheimnis ihres elektrischen Schauderns und schnurrend Um-die-Ecke-Streichens verloren haben wird, das die Lehnen ihrer Sofas und das Blitzen ihrer halb geöffneten Augen bewahrten.

Soweit El Gato Negro, das ich noch einmal sehen wollte; bleibt noch El Gato Blanco.

Im Gegensatz zu dem keineswegs verschwundenen Gato Negro gab es einen anderen, unverwechselbaren Ort in Madrid, den ich El Gato Blanco nennen möchte, von dem mir niemand so recht etwas erzählen konnte, denn nicht einmal diejenigen, die rund herum in unmittelbarer Nachbarschaft wohnen, wissen viel von ihm.

Es handelt sich um die Milchstube in der Calle de las Infantes, die einem Café gleichkommt, aber die Witwe eines Cafés oder eine alte Jungfer von Café ist.

El Gato Blanco liegt in der ansteigenden Calle de las Infantes, da wo sie schon auf die Calle de Hortaleza zustrebt, ein verwinkeltes Stück Straße im Spiel von Licht und Schatten, hinter der Plaza de Bilbao, ein wenig versteckt, weshalb ihm trotz seiner Stuckdecken und Spiegelwände nicht die gebührende Aufmerksamkeit zuteil wird, ein perfektes Café mit Säulen, Sofas und Marmortischen. Der einzige Unterschied besteht darin, daß man hier darauf besteht, nur Milch auszuschenken.

Seine Mission hat etwas von einem Gelübde, und da es von frühmorgens an geöffnet hat, ist es eine Oase der Milch, ein Ort der Unschuld gegenüber dem Dancing und der Bar.

Ein bahnsteiggleicher Ort, wo man die Zeit vor einer Reise totschlägt, ein noch nicht besiegeltes Geschäft ins reine bringt, die Folgen des Verlusts seiner Arbeit überdenkt, den Alkohol bereut oder die schwindsüchtige Übernächtigung lindert.

Welch Unmenge an Erfahrungen, die es an diesem Ort der Ersten Hilfe gibt, der immer geöffnet ist und das Milchgebot der Testamentsvollstrecker in Sachen Milch zu erfüllen scheint.

An der Schwelle der Morgendämmerung beginnt ein Scheppern von Milchkannen – Mütter unserer Vorfahren –, Milchkannen mit verbeulten Rüstungen, als kämen sie von der Schlacht aus dem fernen Las Navas * mit der Milch aus dem nahen Las Navas *.

Nach dem Abladen wird die frisch gelieferte Milch serviert, eine Milch, die soeben zu einem anderen Aspekt des Lebens erwacht ist.

Man ist kein waschechter Madrider und einheimischer Kater, wenn man nicht Verlangen nach dieser Milch, der Leidenschaft aller Katzen, verspürte, in einem Glas serviert, das dem Napf auf dem Dach ähnelt.

Unter den Kaffeehauslichtern, deren Weiß verblichen, aber deren Iris nicht kaffeebraun ist, sammelt der

Nachtschwärmer seine Knochen, verfaßt seinen gelegentlichen Monolog und bereitet sich in dieser Atmosphäre einer Poliklinik darauf vor, in die ersten Stunden des neuen Tages zu treten.

Hier kann man weder eine Komödie noch einen Artikel schreiben, höchstens schüchtern, rasch, sich nach allen Seiten umblickend, eine Maxime zu Papier bringen, einen guten Vorsatz, ein Stichwort, um das letzte fehlende Empfehlungsschreiben zu bekommen.

In dieser Milchstube, dem Gato Blanco, habe ich die feierlichsten Totenwachen meines Lebens gehalten und begriffen, daß auch die Einsamkeit inmitten der Sympathie bedeutet; hier sitzt, das schneeweiße Blatt vor sich ausgebreitet und alles, was zu sagen ist, im Kopf, der Genius Auge in Auge mit der Milch.

Calle de Apodaca

Da die Straße nicht den Titel »Señor Apodaca« trägt, womit sie uns an den Edelmann Don Juan Ruiz de Apodaca, Vizekönig von Mexiko, erinnern würde, verwandelte sich ihr Name in ein vertrauliches Spiel von Abzählversen wie »toma y daca y macetas de albahaca«.

Von ferne erreicht sie ein blauer Admiralsschatten, weil sie sich mit der Calle de Churruca, der bekanntlich ein Admiral war, trifft. Aber wenn auf sie dieser blaue Schatten fällt, dann auch deswegen, weil die Intuition einem sagt, daß sie mit Übersee zu tun hat, mit dem verlorenen Indien* – noch eine Bettstatt – ein Totenbett – in der Dachstube der Erinnerung.

Doch die Schatten ihrer Bedeutung machten ihren Namen vage, und schließlich klang er nach einem Spitznamen aus dem Rotwelsch.

Mit der Straße verband sich die Vorstellung von Gelassenheit, Bequemlichkeit, Mittelschicht.

Er lebt in der Calle de Apodaca.

Er ist in die Calle de Apodaca umgezogen.

Sie strahlte Annehmlichkeit aus, die Gelassenheit, das Leben von schönen Balkonen aus zu betrachten.

Die Bewohner dieser Straße weckten ein wenig unseren Neid, denn sie lebten abseits vom hastigen und lästige Fragen stellenden Madrid. Sie konnten zu Hause bleiben, ohne vom Ritual abzulassen, sich hin und wieder hinauszubeugen, um per Telepathie Neuigkeiten zu erfahren.

Seit meiner Studentenzeit bilde ich mir ein, daß man einen neutralen Unterschlupf im Getümmel der Stadt erreicht hat, wenn man die Calle de Apodaca betritt, und ich erinnere mich an Balkone in einem ersten Stockwerk, auf denen zwei blonde Schönheiten – eine natürliche und eine künstliche – standen, die, wenn nichts auf der langen Wegstrecke ihre Aufmerksamkeit erregte, auf den Rand des Balkons gelehnt lächelten (sie zogen um, und ich weiß nicht, welche Farbe jetzt ihr Haar hat).

Für andere Straßen unserer Nachbarn empfanden wir keine Neugierde, aber diese Straße reizte uns, aus welchem Grund auch immer, ihr Inneres kennenzulernen. Anfang des Jahrhunderts, als die Spanier widerwillig aus Kuba und den Philippinen zurückkehrten, ließen sie sich hier nieder, wie auf inselhaften Aussichtstürmen ließen sie ihre Sehnsucht schweifen und holten auf ihre Balkone die Schaukelstühle aus Bambus und Korbgeflecht heraus, festen Hängematten gleich, ohne die sie schwerlich hätten weiterleben können.

»Wir sind vorübergehend in ein Haus in der Calle de Apodaca gezogen.« Aber Tatsache war, daß sie hier für immer blieben, die Philippiner mit ihren panneaux chinois, aus denen jeden Tag eine Mandelblüte aus Elfenbein herausfiel.

Vor starken Windstößen geschützt, bietet die Calle de Apodaca die Möglichkeit, daß man zu Fuß durch guterhaltene, angenehme Straßen geht und gleich im Zentrum ist.

In ihr ist ungestörtes Leben, sie ist nicht kriegerisch wie andere, parallel zu ihr verlaufende Straßen, und nicht, weil sie Apodaca heißt, sondern weil sie ein Kanal ohne starke Strömung ist.

In den frühen Morgenstunden fühlen sich alle aufgrund der reichlichen Erschütterungen – nicht etwa, daß die Erde bebte, es werden einfach Staubtücher, Teppiche und Federbüsche kräftig ausgeschüttelt, um ihr Inneres schön sauber zu halten – glücklich auf der hohen See des guten Auskommens.

Wen ich in der Calle de Apodaca besuchte, war glücklich, solange er dort lebte, das Unglück begann, wenn man es im nachhinein überdenkt, nachdem er umgezogen war.

Da es eine eher verträumte Straße ist, gibt es unter ihren Bewohnern immer einen Erfinder oder Pläneschmied. Ich erinnere mich, daß wir in der Zeitungsredaktion, in der ich damals arbeitete, jeden Tag die Kopie eines Schreibens erhielten, das ein Herr Apodaca dem Völkerbund schickte und in dem er Vorschläge zur Lösung der Probleme der Welt machte. Aus der Calle de Apodaca kamen auch die vertraulichen Mitteilungen eines Erfinders, der unter anderem eine Vorrichtung ausgetüftelt hatte, wie man den *cocido** durch eine Art Wasserleitung an alle, die sich per Abonnement anschließen lassen wollten, austeilen konnte. Die Abonnenten hätten allerdings die Leitungen selbst anbringen und auch auf den Knochen verzichten müssen, weil der leicht die Rohre verstopfen konnte. Aber so wäre zu erreichen gewesen, daß jeder Büroangestellte und jeder Arbeiter pünktlich jeden Tag seine Kichererbsen hätte essen können.

Ich erfinde nicht, ich erinnere mich, um die Psychologie der Straße in allen Einzelheiten zu beschreiben, denn ich habe in Madrid gelebt, ohne der theatralischen Geste nachzujagen, als in seiner besten Zeit der Bürger Prudencio Iglesias in einem dritten Stockwerk wohnte, oder später, als ich von der Terrasse des großen Zeichners Almada aus begriff, was es heißt, das Viertel vom Balkon aus zu betrachten und die heitere Reise des Tages zu verfolgen.

Sie lebt weiter ihre alte Psychologie, als sie noch voller Innenhöfe war, ohne daß es für sie groß von Bedeutung ist, daß hin und wieder ein neues Gebäude eingeweiht wird.

Selbst ein Blinder oder jemand, der blind durch die Straßen geht, ohne zu wissen, wo er geht, würde in der Calle de Apodaca die Stille der gehobenen Mittelschicht, die sich in ihr verwahrt, spüren. Er würde wie ein Sehender bemerken, daß alle Tische ein gutes Tischtuch bedeckt, daß die Fenster gut schließen und daß die Katzen – unglaublicher Fall gelungener Domestizierung – morgens kleine Hunde sind und wieder Katzen werden, wenn die Lichter der Straßenlaternen angehen.

Der Phönix und die Gran Vía

Aus der Brandung der Lichter der Gran Vía und wie das Ornament eines großen Anfangsbuchstabens, hebt sich der Phönix ab, der Riesenvogel – halb Adler, halb Albatros –, der aus seiner Asche wiederauferstand.

Der Spanier hegt in seiner Sehnsucht nach Unsterblichkeit, indem er zu neuem Leben erwacht, eine große Vorliebe für dieses Symbol. Quevedo hat es aufgegriffen, und dann hat Unamuno* die etymologische Anekdote Quevedos zur seinen gemacht, denn Unamuno wollte, auf sein Kohlebecken voller Asche – die er für seine eigene hielt – blickend, die Larve erschaffen, die nach der Legende aus der Asche des Phönix auferstand. Aber der arme Unamuno starb, während ein Bein im Aschebecken zu brennen anfing, und wir haben keine andere Nachricht, als daß er in der Erinnerung anderer Geister wiederauferstanden ist.

Nun soll dieser so gelungene Mythos vom Phönix einem Irrtum des Griechischen zu verdanken sein. Doch folgt die erzählte Geschichte einem so guten Gesetz, daß sie bestimmt aus sich selbst aufgekeimt ist, und im alten Ägypten, wo eine andere Sprache gesprochen wird, trägt eine Palme den gleichen Namen.

Dieser Phönix, der seine Schwingen am Madrider Himmel zum kühnen Flug erhebt, ausgleichend zur Geschichte vom Aasgeier und Prometheus, taucht in verschiedenen Städten Spaniens auf. Er ist das Sinnbild der sublimierten Befreiung, das dem neugierigen Passanten einen angenehmen Anblick bietet.

Als man einem großen Schriftsteller wie Lope de Vega einen Beinamen geben wollte, taufte man ihn »Fénix de los

Ingenios«, und nicht, weil er schon aus seiner Asche gestiegen wäre, denn er war ja noch gar nicht gestorben, sondern weil Phönix genannt zu werden auch bedeutete, daß man der erlesenste seiner Gattung war (obwohl der »Phönix der großen Geister« jetzt auch die andere Bedeutung des unsterblich Wiederauferstandenen für sich in Anspruch nehmen darf).

Gran Vía del Fénix hieß die Madrider Gran Vía in ihren Anfängen, und ihr hohes seitliches Denkmal, das den Flug zur fernen Moncloa andeutet, hat ihr Glück gebracht.

Die Gran Vía ist das fortschreitende Davonschweben des auf dem stolzen Falken aufsitzenden Menschen, und wir, die wir sie haben entstehen sehen, lassen uns von der gleichen alten Freude erfüllen, wenn wir sie, ein wenig blind für die Zeit, entlangspazieren.

Die Erfahrungen, die wir auf unseren Spaziergängen durch die Gran Vía gemacht haben, lassen sie uns heute Madrid ähnlicher denn je erscheinen, in gutem Zustand und absorbiert von Madrid, mit einer Patina behaftet durch die Luft, die durch sie hindurchweht wie durch die ganze Stadt, geschwisterlich verbunden mit der Calle de Fuencarral und ihren Nebenstraßen, die den altertümlichen, düsteren Ton des wirklichen Madrid an sich haben.

Anfangs war sie aus Gips, allzu weiß, strahlend neu, und so blieb sie viele Jahre lang, ohne ihren Vorsatz aufgeben zu wollen, die Grande Dame von Spanien zu sein, prachtvolle, newyorkinische Gran Vía, aber jetzt fand ich sie endlich genau wie alles übrige.

Sie hat das *fetio* – die Vollendung, wie die Portugiesen sagen – der Calle Mayor aus neuer Zeit, die Farbe des goldenen Mittags und die Farbe des ewigen Sonnenuntergangs.

Es wurde ihr erst etwas anderes vorgemacht, aber sie ist wie ihre übrige Umgebung, nur größer, vergleichbar mit einem jungen Menschen, dessen Wuchs an der Wand gemessen wurde und dem man mit einem bewunderungsvollen Oh! begegnet, wie sehr er doch gewachsen sei.

Das, was sie von einer Hochzeitstorte hatte – und es ist nur gerecht, daß es an diesem Ort, an dem so viele Hochzeitsmahle gefeiert wurden, Torte gab –, hat sich in einen weiteren Giebel des appetitlichen Madrider Barockstils verwandelt.

Jahrelang ging man durch die Gran Vía wie durch eine Landschaft aus einer anderen Welt, die Landschaft eines faszinierenden, exotischen Madrid ohnegleichen. Aber ich gestehe, daß mein letzter Eindruck ein ganz anderer gewesen ist. Sie weckt innigere Gefühle, sie spricht von einem Bürgersteig zum anderen, obwohl sie weit auseinander liegen, sie ist Trödlerin fröhlicher, unwesentlicher Gedanken; Portale, Balkone und Dächer duzen sich. Alles ist enthalten in diesem müßigen, aber köstlichen Spaziergang, der demjenigen, der irgendwohin zu gehen scheint, aber nirgendwohin geht, den Titel Flaneur von Madrid verleiht.

Jetzt wird mit dem neuen Stück Straße das gleiche passieren: Zuerst erstrahlt es in feierlichem Prunk, vor dem der Madrider staunend, ja andächtig stehen bleibt, aber im Verlaufe weniger Jahre und nach zahlreichen Spaziergängen aufs Geratewohl wird sie den gleichen vertraulichen und herzlichen Ton wie die Calle de Leganitos annehmen, als die Calle de Leganitos das Ausfallstor zum Land war und die Klassiker in Aufregung versetzte, denn nicht umsonst liegt am Ende dieses neuen Stücks der Gran Vía die ländliche Kirche des Buen Suceso, der Gnadenmutter. Sie erinnert zwar auch an die glückliche Nachkommenschaft einer Königin, verdankt aber ihren Namen der althergebrachten Höflichkeitsbezeugung, die man einer Schwangeren entgegenbringt: »Möge es ein glückliches Ereignis sein!«

Musikpavillons

Ab und zu entdecke ich Musikpavillons, die zu anderen Zeiten einen Platz oder einen Park erfreuten.

Mich rühren diese Zufluchtsstätten der Musik, die halb vergessen, wie Pagoden ohne Kultzeremonien herumstehen.

Orchesterleiter sollten sich einen Plan aller über die Stadt verstreuten Musikpavillons beschaffen und sie einmal mit ihrer Musik beglücken, sie wieder lebendig machen.

Der verlassene Pavillon wird bevölkert von Geheimnissen, und er kann sogar die Geschicke der Kinder, die auf ihm herumklettern, so sehr man sich auch bemüht, ihn gut zu verschließen, in andere Bahnen lenken.

Als gewissenhafter Beobachter verlassener Pavillons – es gibt Erforscher von Schmetterlingslarven – ahne ich die verlorenen, unsichtbaren Seelen, die sich auf die noch heilen Stühle setzen, inmitten der verbeulten und halb zerbrochenen, die noch immer auf seiner Plattform stehen.

Einmal habe ich unter seinem festen Baldachin Fetzen von Nebel an einem Tag ohne Nebel gesehen und Schlittschuh laufende Wesen auf dem Boden wie auf dem Dach des Pavillons.

Unter dem Boden, manchmal mit durchlöcherten Fensteröffnungen, gibt es unzweifelhaft ein Parasitentum von Seelen in Not, zwischen roten Bänken und Metallstühlen mit frech gekreuzten Beinen.

Dort, mitten zwischen den verrotteten Siebensachen – ein verbogenes Karussell – schmieden die Wesen, die vor der Überbevölkerung des Lebens geflohen sind, Familienränke, stürzen die Passanten in Angst und Schrecken, säen Zwietracht unter Paaren an einem verlorenen freien Tag. Aber vor allem entführen sie Kinder, die sie einladen, bei ihnen zu bleiben, indem sie sie mit Erinnerungen an verflossene Konzerte verführen, die sie in Konservenbüchsen wie in kleinen Spieldosen aufbewahren.

Die Vögel, die diese verlassenen Pavillons lieben, weil sie glauben, daß sie nur für sie gebaut wurden, damit sie dort spielen und an Regentagen einen Unterschlupf finden, haben noch eine andere Mission als die ihrer Vergnügungen im freien Vogelbauer, und zwar Nachrichten von überall zu diesen verborgenen Wesen zu bringen.

Wenn an irgendeinem Ort das Orakel zu finden ist, der verlorene Augur, dann in diesen verlassenen buddhistischen Tempeln.

Gut wäre es, sie vor einer großen Entscheidung zu konsultieren, auch wenn sie uns hinterher sagen würden:

Ich habe dir nichts geweissagt!

Die vergessenen Pavillons werden eines Tages verschwinden, sie werden selbst nicht wissen wie, vielleicht vergiftet von einer dieser Kletterpflanzen, die an ihren Gittern hochranken, vielleicht auseinandergenommen von den Drachen, die ihre geborenen Herren sind, denn man darf nicht vergessen, daß ihr ursprünglicher exotischer Name *kiosk* war, mit k geschrieben, der ihnen gut zu Gesichte stand, bevor er geringschätzig zu *quiosco* wurde.

Der französische Humor hat die Pavillons gut definiert: »Sie sind Kioske orientalischen Stils, in denen die Blaskapelle vor dem Regen geschützt ist, den sie selbst beschworen hat.«

Neben den Pavillons, die sich hier unter Klettergewächsen verbergen, gibt es nur einen, der als tropische kleine Pagode mit ihnen wetteifern kann, und das ist der Musikpavillon, der den Stadtpark von Neapel schmückt.

Calle de la Montera

Diese kurze Straße, ein steiles Stück zwischen oben und unten, ist die ideale Rampe.

Das Wunderbare an Madrid ist, wie alles seine Persönlichkeit zurückgewinnt, und die schwer verwundete Straße wird wieder zu dem, was sie war, spielt mit den Pferdchen mit langen Seidenbändern, die schlittenziehend den Hang hinuntersausen.

Es lebt in ihr die Anekdote von der schönen Witwe des Montero Mayor, des Oberjägermeisters von Philipp III., fort, die während einer Prozession durch diese Straße so unverhohlen kokettierte, daß sie tödliche Duelle heraufbeschwor. Schließlich traf die Inquisition drastische Maßnahmen und schickte sie zum Kuckuck.

Die Montera Mayor, die der Straße den Namen gegeben hat, ist nicht mehr, aber ihr Schatten und der anderer, die auch taten, wonach ihnen der Sinn stand, nutzen die Nacht, um wieder zu erscheinen.

Eine weibliche Straße, seit ihrer Taufe, und voller Koketterie. Der Caballero de Gracia war ihr Herr – der Platz Red de San Luis –, in ihren Rockschößen beging er die Sünden, die ihn schließlich reuig umkehren ließen. Er verwandelte sich in einen Heiligen und schuf eine kleine Kapelle in ihrer Nähe.

Diese Straße mit dem äußeren Anschein eines naiven, pausbäckigen Mädchens, das seiner Arbeit nachgeht, verwickelt den Passanten, der sich den Ausdruck eines Täuberichs gibt, wenn er sie betritt, in Liebesabenteuer, Verführungen und verstohlene Blicke.

Trotz ihrer Kürze enthält sie doch die Skala aller Möglichkeiten, und ihr Schultertuch verfängt sich fünfmal im Ärmelknopf des Caballero.

Merkwürdig, wie das Symbol des lebendigen Erinnerns das Hinaufgehen einer ansteigenden Straße ist, das wird für mich jeden Tag klarer: Es ist das Hinaufsteigen der Calle de la Montera.

Ich habe dieser reizvollen Straße, die wie eine Treppe zu anderen breiteren und längeren Straßen ist, immer eine besondere Bedeutung beigemessen. Sie beginnt und endet – mehr noch als an ihrem Ursprung, dem spinnenhaften Red de San Luis – bei ihrer Einmündung in die Puerta del Sol.

Azorín*, mit seiner Vorliebe für das Vitale, sorgte lange Jahre dafür, daß er sie auf seinen Rundgängen stets erwähnte. Darum sein »ich gehe durch die Calle de la Montera«, »als ich die Calle de la Montera hinaufging« oder »als ich die Calle de la Montera hinunterging«.

In meinen Erinnerungen an das Leben fand ich eben hier das Denkmal der königlichen Schritte, immer die Kurzwarenläden entlang, die einen flüchtigen Blick beim Hinauf- oder Hinuntergehen entschuldigen.

In der Calle de la Montera befinden sich die Schaufenster, die uns ansehen, die uns zurückhalten wollen, das Geschubse der hinter uns kommenden verhindern, die sich dicht an jenen vorbeidrücken, die einen Augenblick innehalten.

Da es nicht ganz einfach ist, den Stolpernden zu halten, der den Hang hinunterrutscht, erinnere ich mich, daß ein Schuster, um diese schliddernden Leute aufzuhalten, einen Probeschuh erfand, dessen doppelte Sohle halb geöffnet war und ein von Brillanten gesäumtes Porträt zeigte: die fußlichste Miniatur, die man sich vorstellen kann!

Man geht durch diese Straße, die man betreten hat, um irgendwo anders hinzukommen, wie durch das Foyer eines Kinos, ohne Eile, darauf wartend, sich an der Puerta del Sol Luft zu machen.

Bergauf ist es wie beim Treppensteigen, um nach Hause zu gelangen, und früher nahmen viele für fünf Cénti-

mos die Straßenbahn, um hinaufzufahren, wie jemand, der eine Rolltreppe benutzt.

Es ist eine lachende Straße, im Vorbeigehen lachen uns Kinderfotografien, Eisenwarenhandlungen, Korsetts und sogar fröhliche künstliche Gebisse an.

Schmuck, Goldstickerei, glänzende Talmiohrringe findet man in der Calle de la Montera.

»Geh doch in die Calle de la Montera, da findest du's.«

»Das habe ich in der Calle de la Montera gekauft.«

Während man durch die Straße geht, läßt es sich gut über die Dinge nachdenken, und die Frau, die man lange nicht gesehen hat, hier trifft man sie.

»Ich habe sie vor kurzem in der Calle de la Montera wiedergesehen.«

Die Straße verleitet zur Nascherei, immer hatte sie auch etwas von einem Stehimbiß, an dem man schnell eine Süßigkeit oder ein Stück Kuchen ißt.

Eines Tages hörte ich, wie Ortega y Gasset erzählte, daß er eine Verwandte habe, die niemals die Calle de la Montera verließ und dort ihre Doppelacht verlebte, die ideale Zahl für wachsame Leute, die dem unaufhaltsamen Verfall des Greisenalters, der nach den Achtzig eintritt, aus dem Wege gehen.

Ich beneidete und bewunderte diese Frau, die ihren Käfig auf den Balkon dieser Straße stellte, die denkbar weit entfernt vom Tod und dem Gewerbe um ihn herum fröhlich ihr Leben lebt und die Möglichkeit eines griechisch-römischen oder phönizischen Spaziergangs bietet, immer jedoch nur im Vorbeigehen, bei dem man entdeckt, wieviel Ferien jede Stunde bietet.

Beim Resümee angelangt, habe ich mich gefragt: »Reicht es nicht, daß ich ein um das andere Mal diese Straße entlanggegangen bin, die am direktesten himmelwärts schaut, und von ihren steilen Bürgersteigen aus die Spitzen der Dächer und den unnützen Wirbel der Agora auf der Puerta del Sol betrachtet habe?«

Bedenkt man es recht, so bestand das Leben darin, eine abschüssige, kurze, durchsichtige Straße hinauf- und hinunterzulaufen. Und nach Hause zurückzukehren, wenn man den Fächer an der Ecke zur Puerta del Sol erreicht hatte.

Balkone und Gardinen

Die Madrider Balkone haben mich immer wieder überrascht, denn, hoch auffliegend, bieten sie einen Ausblick voller Hoffnung, der uns zu ihnen aufschauen läßt wie zu einer Braut.

Ich bin an vielen Ecken stehengeblieben und habe mir schräg von unten genau die Häuserfassaden angesehen, nur um ihre Balkone auszukundschaften, wie einen wiedergeborenen Geist, als würden sie sich an viele Dinge erinnern und dem verzückt Dastehenden frohe Botschaft senden.

Der Spaziergänger kann auf den Balkonen in Pension gehen, allein indem er seine Blicke auf sie heftet und sich wie ein Trapezkünstler an ihren eisernen Stäben festhält.

Sie sind aus einem Zustand des Staunens, ohne daß jemand wagen würde, sich über ihre Brüstungen zu lehnen, dazu übergegangen, sich auf eigene Rechnung hinauszubeugen. Jetzt stehen sie offen wie zu besten Friedenszeiten.

Sie haben mehr Charakter gewonnen, man sieht sie mehr denn je selbst hinausgebeugt, sie finden Vergnügen an der Prozession der Tage.

Die Stadt ist in diesen Augenblicken besonders reizvoll, weil sie begonnen hat, mehr zu leben als ihre Bewohner, Vergangenheit und Gegenwart selbständig zu verbinden, das Eventuelle geringzuschätzen. Sie ist wieder ewig, ergötzt sich am Gewicht der Zeit, genießt ihre Ganzheit.

Ich gestehe, daß ich, obwohl immer ein guter Beobachter, jetzt Balkone entdeckt habe, die ich vorher nie in einer Haltung der Neugierde – und auch die habe ich zuvor nicht beobachtet – erspäht habe.

Der Balkon genießt auf seine Weise, und die Bewohner, die hinausschauen können, wenn sie nur wollen, führen ein bequem zurückgelehntes Leben hinter den Gardinen, die aus diesem Grund in Spanien eine kapitale Bedeutung haben.

Von der Gardine nach innen ist alles Zurückgezogenheit, unabhängiges Leben, ritterliche Trennung von der Straße.

In unmittelbarer Umgebung des Balkons herrscht ein persönliches Ambiente, das ihn charakterisiert, besonders, wenn ihn Blumentöpfe zieren, Eisenstäbe, eine Leine gespannt ist und Wäsche zum Trocknen oder Auslüften auf ihm zu sehen ist.

Es gibt weibliche Balkone, die voller Strümpfe hängen, und Balkone, die blaue Overalls zur Schau stellen.

Die bettlakenverhängten sehen wie einäugig aus, andere Balkone wiederum haben einen Käfig mit einem lebendigen Vogel, und noch andere, die melancholischen, einen Käfig mit einem toten Vogel.

Es gibt auch viele Balkonkinder, das heißt, halbe Käfigkinder, die ihre Ferien auf dem Balkon verbringen und ihm auf die Nerven gehen, sehr zur Erleichterung ihrer geplagten Eltern.

Grandseigneure der Kontemplation, schmiedeeiserne Wächter des Ablaufs der Geschichte, in ihrem Machtbereich – halb außen, halb innen – sind sie für alles empfänglich, was sie an Stattlichkeit und Observanz hinzubekamen, als ob sie sich, reicher an Erfahrung und erhaltenen Lehren, entschlossen hätten, nur noch ihrer Philosophie von Balkonen zu leben und auf die Ankunft des Heilands zu warten.

Patriotischer denn je, befreit von jedem Blendwerk, schauen sie selbstlos auf die Prozession der Stunden hinaus, vorbei ist ihr Calvarium von Furcht und Gewalt.

Diese Heiterkeit der Balkone, die in loyaler Unabhängigkeit leben, bestärken noch die Gardinen, unersetzliches Unterpfand der Fenster in Spanien.

In Frankreich überläßt der Fensterladen oder die hölzerne Jalousie die Fensterscheibe nicht dem freien Himmel,

Plaza Mayor

erlaubt nicht jenen Zwischenraum zwischen Fenster und Balkon, der bewirkt, daß er menschlicher wird und stets mit der Straße zu tun hat, ohne ihr den Zugang zur Intimität des Hauses zu verwehren.

Der Spanier läßt als zerbrechliche, durchsichtige Trennung von der Welt – hauchdünnes Etwas – nur die Spitzengardine zu, und oft schließen sich die Fensterflügel nicht gegen dieses luftige, schleierhafte Netz.

Es sind keine schweren Vorhänge, sondern die zarteste Jalousie zwischen Wohnung und Straße, das Allernotwendigste, um zu sehen und nicht gesehen zu werden.

Die Balkone mit Spitzengardinen verteidigen die Intimität und lassen den Kontrast zwischen außen und innen nie außer acht, indem sie das Ränkeschmieden des täglichen Lebens durchaus wahrnehmen, aber auch nie zu sehr verheimlichen, noch sich dagegen wappnen, daß sie von einem geheimnisvollen plötzlichen Windstoß fortgerissen werden können, und ihm doch auch etwas von seiner Blendung und Roheit nehmen.

»Gardinen zu verkaufen«, »Spitzengardinen« liest man in den Schaufenstern der Dekorationsgeschäfte, und es gibt sie mit Engeln, einer Hirtin oder einem Blumenmedaillon verziert.

Die Gardinen sind die Hochzeitskleider der Balkonfenster und bürgen für die familiäre Abgeschiedenheit. Mit guten Gardinen kann man in ungestörter Nachbarschaft leben, auch wenn die Häuser eng zusammenstehen und einer den anderen mit Leichtigkeit ausspionieren kann.

Dank der Gardinen sind die Erkältungen unsichtbar und werden die Mißgeschicke mit einem gewissen Trost ertragen.

Lieber keine Fensterscheiben als keine Gardinen.

Die Wiedergenesung ist deutlich zu sehen, denn die Gardinen werden wie Vorhänge beiseite geschoben oder in einem Knoten zusammengerafft.

Der Eifersüchtige hängt sehr an seinen Gardinen, und der Blick, den er auf sie wirft, wenn er nach Hause kommt, ist ein dramatisches Gedicht.

Balkone und Gardinen! Titel und Untertitel des geheiligten Hausstands.

Sonne im Parterre

Zunächst war die Apollo-Statue im Prado unentschieden, in diesem schönen Roulette der Jahreszeiten, in dem sich bis zum ersten richtigen Sonnentag der Winter, der Sommer, der Herbst und der Frühling drehen, immer im Kreis herum, bis die eine oder die andere der symbolischen Jahreszeiten hervortritt, je nach dem Glücksfall des Tages, und das bis zum 40. Mai.

Wenn sich die sonnige Jahreszeit erst einmal in der Fontäne des Prado festgesetzt hat, der Winter mit seinem Kohlebecken im Huckepack auf die Schattenseite hinter dem Denkmal für Alfonso XII. verbannt ist, löst sich der schmucke Apollo aus seiner Kältestarre und läßt seine winterliche Blässe ein wenig bräunen.

Es sind die beständigsten Tage von Madrid. Wir gehen zum Retiro durch das Tor, das ein Wappen aus anderen Jahrhunderten ziert, und stellen fest, daß der Palastgarten sich in tiefster Siesta befindet.

Hier, an diesem Ort, feiert man mehr noch die Rückkehr des Sommers als den Frühlingsbeginn.

In einer Ecke des Parks teilt die Minerva des guten Wetters ihre Glückwunschkarten aus, weil sie den düsteren, angsteinflößenden Korridor verlassen hat, in dem sich der Tag plötzlich verdunkelte und das unbeständige Wetter bedrohlichen Schwankungen unterworfen war.

Schenk uns eine, bitten wir sie, als ob wir zur Premiere des ersten strahlenden Sonnentages ins Parterre gekommen wären, und der gerührte Garten gibt uns seine Karte mit Datum des jetzigen Monats und des vergangenen Jahrs; wieder eines, das wir uns allen morgendlichen Katern zum Trotz abgerungen haben!

Es ist die größte Leistung des Jahres, stets mit einer neuen Vignette geschmückt, dieses Zeugnis zum Schuljahresende – auch für diejenigen, die überhaupt keine Schule mehr besuchen –, das auch der große Calderón de la Barca erhielt, wenn er durch dieses grüne Labyrinth schritt, um den Proben für die Wasserspiele zu Ehren des Königs beizuwohnen.

Die gleiche Umrandung auf der Karte, der gleiche Preis dafür, daß wir weiterleben, und dann die Einmündung in die Mitte des Bildes, sattes Grün der Eiben und Buchsbäume, weißer Stein auf Treppen und Bänken und hoch aufgerichtet, richtungweisend und tapfer, die großen Gespenster der Könige.

Der reine weiße Marmor der steinernen Gäste der Geschichte gewinnt bei dieser Begegnung mit der Sonne im Parterre prächtigere Rundungen als irgendwo anders.

Nichts unvergeßlicher als diese Haltung der Könige vor dem Hintergrund der Zypressen im Parterre.

Es sind sonnenverbrannte Könige, sie strahlen einen königlichen Sonnenbrand aus, können aber den Spaziergänger lehren, die Sonne mit Ausdauer und Gleichmut zu ertragen.

In diesem Madrid, in dem viele Könige am Wechselfieber oder am Scharlachfieber gestorben sind, erheben sich diese Gestalten, die aufrecht auf ihren königlichen Piedestalen stehen und sich an die Zypressen zu lehnen scheinen wie auf ihre Muletas oder ihre Zepter, über die menschliche Erhitzung und kleiden sich majestätisch in die gleißende Sonne.

Sie sind ein Triumph und ein gutes Zeichen für den Madrider, der sich schüchtern in die Hitze eines richtigen Junitages begeben hat und darauf wartet, sie noch verbrannter, noch weißglühender zu erleben, wenn erst die Augusttage kommen.

Alle Kraft und aller Stolz des Madrider Sommers liegen in diesen gewaltigen entbrannten Standbildern, die eine

Lektion erteilen, wie man der Unerbittlichkeit der Sonne Einhalt gebieten kann, mit dem Schild unter dem Arm und den ausladenden Gesten riesiger Banderilleros.

Weitere königliche Standbilder befinden sich auf anderen Spazierwegen des Gartens – in einer solchen Fülle, daß man sie über Spanien verteilen könnte –, aber nur die Reiterstandbilder im Parterre geben den Ton des sommerlichen Glücks an, der Apotheose der vorsommerlichen Hitze, des nicht endenden Stelldicheins der Sonne.

Die anderen Dynastien liegen mehr im Schatten, mehr in der Windstille, sie verbringen den Sommer bequemer und ungestörter. Die im geliebten Parterre aber kämpfen unerschrocken mit Phöbus.

Einen Inbegriff des spanischen Lebensgefühls bekommt man, wenn man sich diesen Kontrast noch einmal auf dem Panoramafoto ansieht, das sich blitzartig in der Erinnerung entwickelt, zwischen Bäumen mit großen Bärenfüßen*, aufrecht und mit dem Wald im Hintergrund.

Das vom Vorjahr nutzt nichts mehr, unser Spaziergängerpaß hat keine Gültigkeit, wenn das neue Foto nicht mit dem trocken aufgedrückten Stempel, auch unter der Sonne des Parterre geprägt, versehen ist.

Und wenn auch dem einen oder anderen König ein Arm fehlt, seine Geste büßt dadurch nichts ein, seine Invalidität wirkt noch heroischer, als hätte ihn der wilde Phöbus verschlungen.

Der lange schmale Löffel

Ich sehne mich heute nicht nach einem Ort oder einem Brauch, sondern nach einem Gegenstand, einem unbedeutenden, wenn auch unschätzbaren Gegenstand.

Es ist ein Löffel mit einem langen schmalen Stiel, der doppelt so lang wie der eines Kaffeelöffels ist und in jedem Besteckkasten in jeder Anrichte lag, die noch vor einigen Jahren etwas auf sich hielt.

Als wir Kinder waren, hatte dieser Löffel für uns allerhöchsten Wert, als wäre er ein einzigartiger Prinz; sein langer schmaler Stiel, der im Rund einer Silbermünze endete, wand sich in salomonischer Grazie.

Er schien auf eigene Kosten mitten unter den anderen Löffeln gewachsen zu sein. Sie bewunderten ihn und rückten ein wenig zur Seite, als ob sie ihm einen Ehrenplatz einräumen wollten, sollte jemand nach ihm verlangen oder die Hand ausstrecken, um ihn zu suchen.

Die größte Sicherheit im emsigen Treiben des Hauses verdankten wir diesem Löffel.

Manchmal holten wir den Besteckkasten hervor, gingen das Risiko ein, die Stille aufzuschrecken, durch die Geräusche einer Wechselstube, die ein Kasten voller Besteck verursacht, nur um zu sehen, ob er noch da war, als ob uns ein böses Vorgefühl plagte, daß man ihn gestohlen haben könnte.

In unserer kindisch träumerischen Einfachheit war dieser Löffel etwas ganz Besonderes, das Wohlstand und Voraussicht bedeutete: der luxuriöseste und zugleich praktischste Gegenstand der Familie.

Der Vater rechnete mit dem langen Löffel, wenn der große Augenblick gekommen war, und er rief: »Der Löffel!«, worauf er auch schon zur Stelle war und heiße Milch für den Kranken umrührte oder die Brausetablette, die nur er so schnell und sicher zur Auflösung bringen konnte, weil er ein schnelles Aufbrausen bewirkte, damit nicht so viel Zeit verging zwischen dem Aufsprudeln im Glas und dem Umgießen in die Gurgel desjenigen, der zu einem schäumenden und salzigen Purgativ verurteilt worden war.

Seine Mission war selbstlos, er war ein unvergleichliches Instrument der Hausmedizin, stolz auf seinen Auftrag und immer mit dem Hinweis, daß er aus Silber war.

Er kehrte zufrieden in den Kasten zurück, nach getaner Chirurgie oder zuckerversüßt, denn auch das war seine Aufgabe, den Zucker auf dem Grund des Glases mit einer reichlichen Dosis Wasser umzurühren.

Ich erinnere mich, daß ich einen Freund aus der Vorschule einmal unversehens fragte:

»Hast du zu Hause einen Löffel mit langem Stiel?«

Er hatte etwas von einem Zauberstab und war im Konzert der Messer, Suppenlöffel und Gabeln – nebst dem Nachwuchs von Kaffeelöffeln – wie der Taktstock.

Er spielte nicht die unsympathische Rolle eines Suppenlöffels, den sich der Doktor ausbat, um besser eine Angina ausmachen zu können, noch gab er sich dazu her, uns Hustensaft oder Rizinusöl, das schwierig zu schlucken war, einzuflößen. Er hatte feinere Missionen zu erfüllen.

Der Löffel trug einen Stempel und war wie die Erinnerung an eines der ersten Hochzeitsgeschenke, Zeugnis desjenigen, der sich größere Gaben nicht leisten konnte, aber etwas geschenkt hatte.

Wie alles Überflüssige begann er, die Gewohnheit anzunehmen, unauffindbar zu sein.

Meine Mutter rief aufgebracht:

»Der lange Löffel ist verschwunden, er muß wieder auftauchen!«

Nach langen Tagen, an denen glücklicherweise keines der Geschwister krank wurde, tauchte er wieder auf, aber eines Tages verschwand er und wurde nicht mehr gefunden.

Ob ihn wohl das Mädchen gestohlen hat, das für ungewöhnliche Dinge schwärmte, für eine Hutnadel, eine Schuhspange oder den Bratenspieß?

Ich vermute eher, daß er sich in etwas anderes verwandelt hat, vielleicht in einen Flaschenöffner, vielleicht in einen Eispickel oder vielleicht auch in einen Dosenöffner.

Tatsache ist, daß nur die Erinnerung an ihn bleibt, das Gefühl, daß mit ihm die beste Zeit eines glücklichen Haushalts vorüberging.

Jetzt, in den nostalgischen Stunden der Emigration, ist er mir wieder vor Augen gekommen, steif, salomonisch, mit der Silbermünze am Kopfende, wertvoller denn je, verwandt mit der anderen, deutlich sichtbaren – und falschen – Münze, die am Knopf zum Verstellen des Dochts der Petroleumlampe angelötet war.

Wenn ein Haushalt gut eingespielt sein will, von guter Geburt und mit guten Prinzipien, muß er einen langen schmalen Löffel, der kindliche Rituale erfüllt, besitzen, einen Löffel, der mit den Serviettenringen eine Familie bildet, und nicht mit den Spachteln, mit denen man gewöhnlich Erfrischungen oder Cocktails umrührt.

Dieser älteste Nachwuchs im Besteckkasten, den man gesondert suchen muß und der das Einnehmen wohltätiger Mittel zu einer fröhlichen, klangvollen und wohlverteilten Zeremonie werden läßt, darf nicht vergessen werden, wenn neue, verheißungsvolle Ehestände gegründet werden und Kinder auf die Welt kommen, die einen zärtlichen Blick für die Dinge haben, die das Wunder eines guten Hausstands in vollkommenster Form verkörpern.

Geliebter und unvergeßlicher Löffel, du rührst den Bodensatz der Sehnsüchte auf, die sich auf dem Grund des Herzens festgesetzt haben.

Plaza de Oriente

Er setzt der zentralen kastilischen Hochebene die Krone auf, und darum gleicht er keinem der anderen Vorplätze von Königspalästen auf der ganzen Welt, auf denen Schatten und eine Bedeutungsschwere lasten, die es durch seine Brechungen des Lichts auf ihm nicht gibt.

Nistplatz von Kranichen, erfreut er sich immer wieder an sich selbst, an dem, was er von hoch in die Luft und zum Horizont hin Gerichtetem hat. Wie ein Papierdrachen, auf den Königspaläste und Brunnen aufgemalt sind.

Wir haben auf der Plaza de Oriente zum ersten Mal geraucht, als wir uns Schokoladenzigaretten kauften, und sahen die Hellebardiere vorbeiziehen, die alle wie Lope de Vega aussahen.

Hier lernten wir unsere ersten scherzhaften Lektionen in spanischer Aufsässigkeit:

»Der Schlauch spritzt, aber uns trifft er nicht!«

Und die bestallten Gießer wurden wütend und strengten sich an, die Kinder zu treffen, sie drehten den Hahn voll auf, hielten den Schlauch noch höher und gaben dem Strahl noch mehr Druck mit ihrem Geschick professioneller Rasensprenger und schafften es zu ihrer Befriedigung auch, den einen oder anderen naß zu machen.

Der Platz war frei von Bettlern, aber wir fühlten trotzdem, daß sich hier Männer ohne einen Pfennig in der Tasche zurückzogen, diejenigen, die von einem Tag zum anderen leben, ständig blank, Honorarbettler, die aber keine Bettler sind.

Der Wächter des mittleren Gartens hatte das Gehabe eines Marschalls, und bei denen der beiden kleinen Gärten – dem rechten und dem linken, immer zum Palast hin gesehen – übte der des linken die größere Autorität aus. Alle waren alt schon, ein wenig hemiplex, als wären sie die letzte Verteidigung des Königs vor dem Aufmarsch der großen Krankheiten.

Sie hantierten mit ihrem autoritären Stock wie mit einem Zepter und verspürten manchmal eine posthume Verliebtheit für diese oder jene Kammerzofe, die an dem Liebeswerben selbst schuld war durch die Vorwitzigkeit, mit der sie ständig nach der Uhrzeit fragte, so daß sie die große Uhr hervorholten, die sie trugen, um den Kindermädchen die Stunde ihres Handelns zu verkünden.

Auf der Plaza de Oriente verloren wir den Keuchhusten wie einen vergessenen Gegenstand, aber nicht, bevor wir noch ein paar starke Hustenanfälle vor den Sockeln der Königinnen und Könige bekamen.

Nach einem guten Essen auf einer seiner Bänke Platz zu nehmen, übertraf alle Begräbnisse.

Auf den Bänken der Plaza de Oriente ruhten sich diejenigen aus, die vom Nordbahnhof kamen oder dorthin gingen, mit einem Koffer aus Preßkarton in der Hand, auf dessen Boden die sieben Sachen hin und her rutschten und klimperten, wie Rasseln von Erwachsenen.

Ganz an den Rand dieser breiten Ruhekissen aus Stein setzt sich manchmal die alte Jungfer, die eine Weile die Rolle der liebevollen Mutter von sieben Kindern spielt.

Die Invaliden, denen ein Bein oder ein Arm fehlt, waren die eifrigsten Bewohner der Bänke, als ob sie darauf warteten, daß ihre verlorenen Gliedmaßen an diesem Gipfel der königlichen Lüfte nachwüchsen. Aber Frühling um Frühling erblühte stets aufs neue allein der Lorbeer ihrer Ruhmestaten.

Hingestreckt auf einer dieser Steinbänke, habe ich mitten in der Sommernacht die besten maurischen Schlösser des Himmels entdeckt.

Die Plaza de Oriente ist der große Vorgarten zum Königsschloß, der Wartesaal des Volkes vor den höfischen Geheimnissen, mit grünlichen Wasserbecken ausgestattet, in

denen man noch immer den goldenen Frosch aus dem Märchen zu sehen meint.

Hier wird immer noch das Biwakfeuer nach dem letzten Sieg über die Mauren angezündet, und man feiert den Frieden auf den steinernen Bänken, den öffentlichen Bänken der Geschichte.

Es fällt schwer, die Plaza de Oriente und ihre von grauhaarigen Eseln gezogenen kleinen Kutschen – zwei Runden, fünf Céntimos – zu vergessen, wenn man unzählige Runden in ihnen gedreht hat, als erstgeborener kleiner Knirps, der die Überraschungen seiner Eltern, die noch das Leben frisch Verheirateter führten und sich nur hin und wieder an ihren Sohn erinnerten, redlich verdiente. Erst in der Calle de Arenal sagten sie: »Wir müssen nach dem Kind schauen.«

Diese kleinen Kutschen mit Glöckchen auf dem Dach, die das Kind zum Klingen bringen konnte, als wäre es ein *Glöckner*, indem es an den Kordeln zog, die von den Klöppeln herunterhingen, machten in der Abenddämmerung eine letzte verträumte Runde, wenn sie den Kreis ihrer Tretmühle durchbrachen und wegfuhren. Was hätten wir nicht darum gegeben, mit ihnen diese letzte lange Wegstrecke zu fahren. Wenn wir in einer solchen Kutsche nach Hause kämen, glichen wir einem frühreifen Botschafter, der gerade seine Akkreditierung dem König überreicht hat.

Als ich das letzte Mal am Brunnen mit dem tänzelnden Pferd war, sagte mir das runde Mondgesicht, das Wasser an seinen Sockel gießt, und das, ich weiß nicht warum, mir viel jünger und mit roten Lippen erschien:

»Komm bald wieder.«

Ich zögerte lange, bis ich mich von der weißen Bank – Stein mit dem aufgesogenen Licht Madrids – erhob, denn von dort konnte ich am besten meine Kindheit oben auf dem Wasserbecken schwimmen sehen. Aber schließlich mußte ich mich losreißen.

Teatro Martín

In diesen Tagen, die wie im Fluge vergehen, erinnere ich mich an das Hausmädchen aus Cangas de Tineo, das an grauen, regnerischen Sonntagen, an denen man besser nicht auf die Straße hinausging, die Zeit damit verbrachte, in ihrer Truhe zu stöbern, Erinnerungen zu ordnen, Fotografien mit umgeknickten Ecken anzuschauen oder vielleicht auch die Ersparnisse, die sie auf dem Grund der Truhe aufbewahrte, zu zählen. Es war die Obsession unserer Kindheit und hielt uns vor Augen, wie ein Tag voll Langeweile und Sehnsucht in einem versteckten Winkel des Erdballs aussehen kann.

Wer hätte uns gesagt, daß sich noch viele Sonntage voller Dienstbotentraurigkeit aneinanderreihen würden, Sonntage, an denen wir in unserer Truhe stöbern und unsere Erinnerungen an andere Zeiten ordnen würden, unsere gesammelten Gedanken und unsere unverrückbaren Meinungen, unseren Glauben an Gott?

Die ganze Zukunft scheint in der Schwebe, alle Gedanken bedingt durch das, was geschehen kann, aber die Gedanken, die wir auf dem Grund der Truhe besitzen, gehören uns, wir können sie langsam und zärtlich vorbeiziehen lassen, sie erheitern noch einmal unsere Abrechnung am verschlossenen Sonntag.

Wie viele Dinge gehen in eine Truhe! Fast ein Universum, das Universum, das zur Diskussion steht und von dem wir alle Beweise und Ausschnitte gesammelt haben, falls es einmal rekonstruiert werden sollte.

Dieses Auspacken von Erinnerungen ist etwas ganz Besonderes, und heute habe ich aus meiner Truhe die Erinnerung und eine alte Abbildung des Teatro Martín hervorgekramt.

Das Teatro Martín ist ein geheimnisvoller, vergessener Ort, der seine theatralische Seele immer verteidigt hat. Andere, bessere Theater sind verschwunden, aber das Teatro Martín überlistet versteckt und glücklich die Zeit.

Klöster, Bürgerhäuser und Hospize beschützen dieses Theater, dessen blitzende Lichter allen Windstößen trotzen.

Es verbindet sich mir in erster Linie mit Kindheitserinnerungen, denn hier gab es zu Weihnachten die besten Vorstellungen, und später mit den Versdramen.

Ich erinnere mich noch, daß zwei Büsten von Dichtern an den beiden Seitenaufgängen zur Bühne standen, eine von Zorilla, die andere von ich weiß nicht mehr wem.

Lange Zeit verteidigten sich die beiden Büsten, genau wie im Büro meines Vaters die Büsten von Sokrates und Seneca, aber das Revuetheater vertrug sich nicht gut mit ihnen, und sie waren wie vom Blitz getroffen, als eine gewagte Soubrette ihnen an den Spitzbart faßte.

Es brach eine andere Zeit an, und noch immer erinnere ich mich an die Kühnheiten der Rumbatänzerinnen, wenn sie die symbolischen Figuren an den seitlichen Bühnenzugängen streichelten. Niemals werde ich die strahlende Fornarina, die goldblonde Schönheit, vergessen, als sie es mit den feierlichen Karyatiden, die zu beiden Seiten der Bühne des Teatro Actualidades standen, und auch mit den Drachen des Japanischen Salons aufnahm. Die lebendige goldene Schönheit, die den unbeweglichen, mit Feuer vergoldeten Drachen Leben einhauchte, weckte die widersprüchlichsten Gefühle in den Herzen der jungen Leute.

Durch das bilderstürmerische, aber zärtliche Vorwärtsdrängen des triumphierenden Infantilismus wurden die Säulen und Büsten aus dem Teatro Martín beseitigt, die Bühne verlor ihre raschelnden Schweifröcke und entschied sich für den kurzen Rock und den Bubikopf.

So verwandelte sich das versteckte Theater Madrids, das zwar nicht das Theater der weißen, aber doch der rosa Bettlaken war, in ein Revuetheater.

Der Gastgeber, der Lamm und Rotwein genossen, Gäste zu bewirten und Geschäfte zu besorgen hatte, gab die entscheidende Parole aus:

»Gehen wir ins Teatro Martín!«

»Ja, gehen wir«, antworteten die anderen im wild entschlossenen Chor.

Und die fröhlichen Tischgäste, die eigentlich in ihre Dörfer bei Murcia oder Cáceres zurückkehren müßten, begleiten den Einheimischen und beschauen sich die heiteren Gärten und modernistischen Räumlichkeiten des Teatro Martín, in dem die ersten Chorsängerinnen, die wenig später »musleras« und »bataclanas« genannt werden sollten, erschienen. Hier gab sich die neue, bildschöne Jugend ein Stelldichein, die neue Generation frischgebackener Schönheiten, das neue weibliche Brot für die Blicke.

Alle Jahre wird angekündigt, daß das Teatro Martín restauriert und modernisiert wird – ich habe es vorgestern wieder im Radio gehört –, aber ich muß lachen, wenn ich das höre, denn das einzige, was erneuert werden muß, ist der Chor der schönen Frauen, die die Hüften im Takt schwingen und die gedrechselten Arme erheben, um gerade geborene, flüchtige Girlanden aus der Luft des Tages zu pflücken und so die letzten Überreste des Kults um Aphrodite in der Höhle dieser Bühne, die bei immer neuen Premieren am Ende ihres langen schmalen Zuschauerraums erstrahlt, hoch zu halten.

Mir ist, als sehe ich lebendig vor Augen, wie das Publikum schon Feuer und Flamme ist, wenn man ein wenig spät kommt, und bereits ganz und gar mit einer Sache beschäftigt ist, die das Teatro Martín charakterisiert, sein Warenzeichen ist, so wie das Markenporzellan ein Siegel auf seiner Rückseite eingebrannt hat: eine wunderschöne Sammlung von Zigarrenenden rund um die verschmähten Spucknäpfe, wie strahlenförmige Stacheln einer gefallenen Windrose.

So sind die Zeichen der Wirklichkeit beschaffen, und durch dieses Zeichen würde ich das Teatro Martín wiedererkennen, wenn man mich mit verbundenen Augen hineinführen und mir die Binde im Foyer abnehmen würde.

Ich brauchte nur diese halb gerauchten Zigarren der Tischgäste zu sehen, die keine Zeit mehr hatten, sich weiter mit ihnen zu beschäftigen und sich schweren Herzens entschließen mußten, sich ihrer zu entledigen, ohne Zeit zum genauen Zielen zu haben, denn wie ein Autor von »Mikro-Ideen« * einmal gesagt hat, »ist noch immer nicht der ideale Spucknapf erfunden worden, denn alle stehen entweder fünf Zentimeter zu weit links oder zu weit rechts«.

Pasaje de la Alhambra

Das ist Madrid: mitten im Gewirr der Straßen, durch die man gewöhnlich geht und über die man regelmäßig spricht, eine versteckte Passage, ein unveröffentlichtes Stück Weg, mit anderem Licht und wie aus der Welt.

Diese Räume im Herzen und im Mark der Stadt kommen wie gerufen, um das Glück oder einen Gedanken ohne Aggressivität zu retten.

In meiner Nostalgie erscheinen sie strahlend hell, mit einer Ansammlung von Zeiten in ihrem Mäander, Orte, an denen alles gleich bleibt, wie im Haus von Seneca.

Die Häuser in diesen Oasen der Stadt sind an neue Bewohner vermietet, an Familien, von denen noch eine Alte oder ein Alter lebt, aber es gibt junge Eltern und Mädchen und Jungen, die natürlich jünger als ihre Eltern sind. Immer wieder die neue Bindung, die Verbindung von Generation zu Generation.

Eines dieser charakteristischen stillen Wasser ist für mich die Pasaje de la Alhambra, am Ende der alten Calle del Arco de Santa María.

Das ganze Viertel ist von einer so unterschiedlichen Physiognomie, daß der geborene Madrider Schriftsteller sich besonders schwer mit ihr tut. Zu seinen Bewohnern gehören der höhere Justizbeamte, der Kapitän, der Schneider, der Großmarkteinkäufer, der alte Journalist, der Rechtsanwalt mit ansehnlicher Klientel und der gewissenhafte Arzt.

Jeder Häuserblock ist anders, und alle seine Bewohner haben die Besonderheit, daß sie in einer liebenswürdigen Anonymität leben, das komfortable Bürgerhaus in guter Nachbarschaft mit dem modesten Haus der Modistin.

Der Spaziergänger verlangsamt seinen Schritt, wenn er zu diesem Viertel kommt und bemerkt, daß er heiter wird, so als ob hier der reine madrilenismo weder allzu stark, noch allzu schäumend, noch allzu nervenaufreizend ist, wie reiner schwarzer Kaffee.

Wenn der neugierige Passant ans Ende der Calle del Arco de Santa María * kommt, zögert er einen Augenblick, knapp bevor er in die geräuschvolle, pulsierende Straße namens Barquillo eingeschleust wird, aber er rettet sich, indem er eine Tür wie die eines eleganten Gasthauses dazwischen schiebt, und durchquert eine hell erleuchtete Passage mit Geschäften, Innenhöfen mit ihren Balkonen und Erkern, um auf der anderen Straße hinauszukommen.

Bei Tag – diese Tür muß man bei Sonnenlicht durchqueren – wird er überrascht stehenbleiben angesichts eines zimtfarbenen Nachmittags, völlig abgedichtet, mit eigenen Koloraturen.

Denn an diesem behüteten und widerspenstigen Ort gibt es sehr schöne Kanarienvögel, die glücklich sind, wenn sie singen, denn sie fühlen sich geschützt und in Sicherheit vor den Katzen.

Viele Male bin ich mitten in dieser Passage stehengeblieben – auch eine Druckerei liegt hier versteckt –, und obwohl meine Inspektion Aufsehen erregte, schaute ich mir doch genau die Fenster und Balkone an und suchte das Stockwerk mit den Spitzengardinen, die das ewige Glück beschützten.

Ich habe in Goldbarren verwandelte Sonnenstrahlen erspäht, Erinnerungen an köstliche Nachspeisen, in Radioapparate verwandelte Klaviere, Bügelzimmer mit weißer Seele, und alles im Genuß dieser ihr Inkognito wahrenden Bucht, die sich unter den Augen der Öffentlichkeit und mitten im Zentrum der Stadt gebildet hat.

Unter all meinen Paraden vor dem Schicksal – lernt von meiner Stierkampfkunst – erzielte dieses Ausscheren durch die Pasaje de la Alhambra die besten Resultate.

Aber wo ist der maurische Traum, den der pompöse Name der Alhambra verspricht? Das Phantastische ist, daß es hier nur die Realität der Christen gibt, weiß getünchte Arkaden, der Mittelschichten Illusion von Silber.

Nur etwas weiter, praktisch um die Ecke, erinnere ich mich an das Teatro Alhambra, in das ich als Halbwüchsiger ging, als ich endlich allein ausgehen durfte – in die Nachmittagsvorstellungen –, und dort zum Beispiel eine Premiere von Joaquín Dicenta* in poetischer und romantischer Verklärung sah, aber auch einen unvergeßlichen Illusionisten, der Henker und Chirurg eines Zuschauers war, der sich köpfen ließ und zu neuem Leben erwachte, wobei sein Kopf einen Augenblick in einem blutverschmierten Becken liegenblieb.

Es war ein Theater mit Goldverzierungen, mit alhambresken Goldstalaktiten, sehr intim, überall Plüschvorhänge, ein wenig düster.

Es erlebte Abende großen Glanzes und großer Erfolge, an denen seine Verzierungen in allen Lichtern erstrahlten, besonders, als hier Frégoli debütierte, der aufregendste Verwandlungskünstler, den ich je gesehen habe und für den die Abonnenten auf den Orchestersitzen vor Begeisterung rasten. Frauen und Männer warfen ihm Blumen auf die Bühne, denn er verkleidete sich als Don Juan, aber ebensogut als volltönende vedette.

Aber da sind wir schon in der Straße der Katzen, den Hof der Kanarienvögel haben wir bereits hinter uns gelassen, und in dieser Straße scheint die Vorhangstange heruntergefallen zu sein, auch wenn sie am Anfang noch ein gepflegtes Äußeres zur Schau trägt. Dann aber wird sie zu einer dieser Köhlerstraßen, in denen sich Häuser von hoher Abstammung mit kleinen Häuschen von Handwerkern, die in gutem Einvernehmen mit ihrer Zunft und Innung leben, abwechseln.

Aber diese Weile im Aufleuchten von Licht und Wohlstand in der Pasaje de la Alhambra ist Medizin für die Seele, die müde ist, durch die Calle de Hortaleza zurückzukehren.

Los Bulevares

Die erste moderne Flanierstraße Madrids wurde Los Bulevares* genannt.

Das geschah in Erinnerung an Paris, doch der Gallizismus verwandelte sich in madrilenismo, und es wurde eine lange Straße daraus, über die man sagte: »Geh und probier den grünen Mittelstreifen aus.« Eine Geschichte für sich, Los Bulevares.

Es entstand eine peinliche Situation, als wolle die Hauptstadt sie nicht wahrhaben, weil sie so prächtig und so vergnüglich wurde, mit so viel erfrischendem Optimismus.

Sie bedeutete eine gute Adresse, eine Adresse des Aristokratismus der Mittelschicht.

»Er wohnt in Los Bulevares.« – Das reichte. War es ein Mann, so hatte er sein gutes Auskommen, und wenn es eine junge Frau war, erschien sie schön, rundlich und hochgewachsen.

Wir kosteten einen anderen Geschmack von Madrid und spazierten in Gedanken auf dem weiträumigen, in der Mitte gelegenen Bürgersteig, der die ersten Kämpfe zwischen Kapital und Arbeit schlichtete, versöhnlerisch, als ob sich in seiner Mitte das Rote Meer der Polemik öffnete.

Sie war eine Gran Vía als Querstraße, ein Gürtel um die Taille Madrids, eine sympathische Hauptstraße der Unparteilichkeit.

»Kommen Sie mir nicht damit, ich wohne in Los Bulevares.«

Hier beginnt das kinomatographische Madrid – »man muß sich auf das kommende Zeitalter des Kinos vorbereiten« –, und vielleicht war deswegen in der Glorieta de Bilbao das surrende Geräusch des ersten öffentlichen Kinos, des Cinema X, zu hören.

Die Psychologie der Bulevares wollte sich mir als beginnendem Stadtchronisten zunächst entziehen. Durch sie entschlüpfte unsere Stadt, sie war der neutrale Weg, der alten Fragen vorbeugte – ob Madrid mehr oder weniger *castizo** sei, ob es mehr von dem oder von jenem habe –, und es waren offenbar die Visionäre der Zukunft, diejenigen, die die Dinge kommen sahen, die alle dorthin zogen.

»Wo soll er schon wohnen? In Los Bulevares!«

Wir machten extra Spaziergänge auf ihrer Uferstraße, um unsere Gedanken ins reine zu bringen, um besser Pläne zu schmieden und nebenbei in Erfahrung zu bringen, was sie nun war und bedeutete.

Eine Weile glaubten wir, daß alle Straßen in der neuen städtebaulichen Planung Madrids Boulevards würden, aber mit den Jahren erkannten wir, daß die Allee unverwechselbar blieb, ihren originellen Charakter bewahrte, denn sie war weder zu europäisch noch zu afrikanisch, sondern etwas anderes, mit dieser eigenen und anderen Persönlichkeit, die jeder Madrider Ort hat.

Es war die Zeit der Trusts, und sie war eine Art Trust breiter, sonniger Alleen, mit dem konzentrierten Kapital im Mittelstreifen.

Sie hatte zwei unterschiedliche Bewegungen oder Windrichtungen, eine von oben nach unten und die andere von unten nach oben. Zuerst stieg die Strömung auf von der Calle de Génova und der Calle de Sagasta, in einem Spaziergang gutbetuchter Leute, die, je mehr sie in ihrem Spaziergang weiterkamen, immer alltäglicher werden.

Aber als die Calle de Carranza gebaut wurde, um eine Verbindung zur Calle Alberto Aguilera und zur Calle Marqués de Urquijo zu schaffen, entstand die Gegenströmung. Die Sierra de Guadarrama und die velazquische Landschaft kamen durch die erste große Mündung in die Stadt und machten an der Ecke der Winde eine Biegung.

Jahrelang kostete es die Premierenbesucher Mühe, das Flußbett abzudichten, es zugänglicher zu machen, heimischer, ihm den guten Geschmack häuslicher Küche zu verleihen, und sie schafften es. Es kostete sie viel Holzkohle, viele Dauerbrandöfen und viel Filzstreifen zum Abdichten.

Die Rasierklinge der Sierra verlor an Schärfe im besänftigenden Verlauf der Allee, und während bei ihrem Einfall durch die Cuesta de San Vicente und die Plaza de Oriente die Lungenentzündung auf ihre gehabte alte Art und Weise zubiß, wurde hier der Wind zur leichten Brise und respektierte die Herren des Ordens der Moderne.

Die Jahreszeiten zeigen sich in Los Bulevares auf ganz besondere Weise, denn sie sind eine Abkürzung, um den Frühling zu treffen. Sie sind wie ein Herr im guten Wollmantel im Winter und geben sich bereits herbstlich, sobald nur der Oktober naht.

Es ist ein Beweis verfeinerten Denkens, diese elegante Allee zu verstehen, die die silberne Einfachheit von Madrid hat und in die die wohlhabenden Leute zogen, der hohe Eisenbahnbeamte oder die Witwe, die sich von ihrer Witwenschaft nicht in mehr oder weniger düsteren Straßen unterkriegen lassen wollte, aber auch dieser oder jener namhafte Pensionär.

Das Wichtigste aber ist, daß der erste Eindruck, den die Allee vor fünfzig Jahren bei uns hinterließ, unangetastet bleibt, rein, unabhängig, wie es die Bewohner der rechten Seite im Hinblick auf die der linken sind, denn dafür verläuft in der Mitte der Fluß des Boulevards, aller Boulevards der Welt.

Milchhändler

Kaufe Gebisse!

Zuerst hielten wir den Trödler, der vorbeigeht und laut ruft, für ein einflußreiches Wesen, das seine Macht nicht zur Schau stellt, aber stets Abhilfe schaffen kann, wenn man ihn nur beizeiten ruft.

»Wenn gar nichts mehr hilft«, pflegte unsere Mutter zu sagen, »dann rufen wir eben den Trödler.«

Eines Tages mußten wir ihn wirklich rufen, und an diesem Tag verlor er für mich jegliches Ansehen.

Wir waren in ein Haus gezogen, das einen Waschstein besaß, und mußten uns von unserem hölzernen Trog mit Waschbrett trennen, diesem Optimismus ausstrahlenden Sarkophag aus hellem, blechbeschlagenem Holz, der bewundernswert die Aufgabe erfüllte, die Wäsche zu reinigen. Wie ein Schiff, das durch die Wochen schwimmt, Jahr für Jahr, den Schmutz des Lebens zu verringern.

Vom Balkon aus wurde nach dem Trödler gerufen, es klang wie ein dringender Hilferuf, und er kam auch eifrig und erwartungsvoll die Treppe hinaufgestiegen.

»Was möchten Sie verkaufen?« fragte er.

»Den Waschtrog.«

»Den Waschtrog? Den nehme ich nicht einmal geschenkt!«

Meine Enttäuschung kannte keine Grenzen. Viele Monate wiederholte sich in mir der niederschmetternde Satz: »Den Waschtrog nehme ich nicht... Den Waschtrog nehme ich nicht...« Ich schaute ihn mir voller Mitleid an, er lag umgekehrt mit der sarkophalen Seite des hellen Holzes nach oben – der Abfluß war zu sehen –, ein Grabmal und Seziertisch zugleich.

Ich konnte die Ungerechtigkeit nicht vergessen, die an diesem Schwimmbecken begangen wurde, das Jahre hindurch unsere Wäsche gereinigt hatte und in seiner Ruhepause, wenn es mit Putzwolle und Scheuersand blankgescheuert war, in einem Ton, der alle Sünden vergibt, zu sagen schien: »Vergessen wir das Gewaschene.«

Unser Waschtrog, der mit den Backmulden verwandt ist, auf denen der Brotteig schließlich die Anatomie eines Kürassiers annimmt, hatte in unserer Kindheit die gleiche Bedeutung wie die artesischen Brunnen.

Er kam uns wie eine gemolkene Kuh vor, wenn er weißen Schaum verspritzte. Und wenn wir von einer neuen Sintflut träumten, stellten wir uns vor, daß wir mit dem Waschtrog durch das Küchenfenster schwammen, bis es wieder aufklarte.

Dieser Waschtrogkomplex – ein Psychiater müßte mir eines Tages dieses Gespinst aus dem Körper holen – ist also von den Trödlern mit Mißachtung gestraft worden, und deswegen hege ich seitdem einen starken Groll gegen sie.

Jetzt allerdings genießen sie – trotz meiner Wut – eine größere Bedeutung denn je, hier und überall.

Ihr wichtigster Ruf, der durch die Luft schallte, war:

»Kaufe Gebisse ...!«

Diese maßlose, etwas zynische Nachfrage, die eine besonders widerwärtige Form von Knauserei darstellte, ist jetzt dringend geworden, weil die Zahnärzte keine Zähne finden, mit denen sie diejenigen ersetzen könnten, die in der Dämmerung der Zeit verloren gehen.

Die wachsende Zahl von Menschen, das Fehlen von Goldzähnen, die nur mit Dollars aufzuwiegen sind, alles das führt dazu, daß die von den Straßenhändlern angefragten Zähne ihren höchsten Wert erzielen.

»Also ein Gebiß kaufen Sie, aber keinen Waschtrog?« würde ich zu ihm sagen, um ihn zu ärgern, nachdem er unseren Waschtrog nicht hatte haben wollen, und ich würde ihm niemals ein Gebiß verkaufen, selbst wenn ich eines zu verkaufen hätte.

Wenn man sich vor Augen hält, welche Wege ein Gebiß durch die Vermittlung des Trödlers einschlagen kann, halte ich es für besser, daß man sich den fehlenden Zahn nicht ersetzen läßt.

Dante hat sich niemals den zahnlosen Mund richten lassen, darum sieht er so eingefallen aus, einem Hexerich gleich, was aber kein Hindernis dafür war, daß er die schönsten Gedichte schrieb, während er Florentiner Eierbiskuits verspeiste.

Die Pappeln von Madrid

Wenn nicht hier und dort Pappeln in Kastilien wachsen würden, müßte Kastilien vor Kummer sterben. Es schaut auf die Pappeln und tröstet sich, es geduldet sich und verzweifelt nicht.

Die Pappeln sind die einzigen Pilger, die auf der trokkenen Hochebene geblieben sind. Sie führen das Leben von Eremiten und Mönchen.

Sie ernähren sich von wenig, fasten im allgemeinen und tragen doch das mystische Grün, denn sie erhalten sich von der »beredten Substanz«, ohne die kümmerliche, spröde Erde zu brauchen. Woher nehmen sie das? Aus der Seele, weil die Pappeln eine Seele haben.

Sie sind der Federbusch, der verständige, ländliche Kopfputz der Antiebene, ritterliche Freiherren, stille Landbewohner, hochaufgereckt, von der Höhe aus aufs freie Feld spähend.

Sie genießen diese Vision der Einsamkeit, der Verlassenheit, des Fehlens von Gesellschaft, die im Angesicht dieser Landschaft entsteht, aber die es erlaubt, daß die Seele über sich hinauswächst, sich verstreut und an sich selbst Genuß findet, was schließlich und endlich die einzige Lust ist.

Wenn sie auch nur das Banner eines Baumes an einem gottverlassenen Ort hochhielten, wäre das schon genug.

»Sie hören sich an wie Standarten«, sagte d'Annunzio bei Gelegenheit, und mir kommt es bereits so vor, daß ich höre, wie die Pappeln klingen.

Die königlichen, die kaiserlichen Pappeln wachsen in Segovia, an den Felsklüften Segovias, in der Tiefe des Abgrunds, und doch schauen sie zur Stadt hin, erklettern Felsen und Mauern, wie der unerschrockenste Einbrecher.

Die riesigen Pappeln Segovias sind die Maste auf Spaniens Admiralsschiff. Pappeln, die aus der Tiefe der Schlucht die Spitze der ockerfarbenen, sienabraunen Kathedrale erreichen.

In Madrid wachsen auch Pappeln, Verwandte am Königshof der auf dem Lande einsam wachsenden Pappeln. Sie verteidigen die Stadt wie ihre Schützengräben, stehen verstreut von Strecke zu Strecke außerhalb der Stadt, wie in Kampflinie rundherum, wie Guerilleros oder Wachen.

Der am häufigsten von ihnen besiedelte Ort ist der Rand des kleinen Wasserlaufs. Es scheint, als ob sie zum Wasser hingeflogen waren, denn wie konnte ihr Samen genau mit dem Weg der Wasserschlange zusammentreffen? Es ist angenehm, sie zu betrachten. Sie sind so etwas wie unsere Palmen, große, grüne Banderillas, fest in die Wüstenlandschaft geheftet.

Zu beobachten, wie ihre Blätter sich bewegen, ruft das Gefühl hervor, das Kräuseln und Plätschern grünen Wassers zu sehen.

Sie bewegen sich kaum. Sie haben eine ziemliche Unempfindlichkeit dem Wind gegenüber entwickelt und biegen sich nur zur Seite, wenn er heftig wird. Bei kleinen Brisen, in der Abendkühle oder beim Auffrischen des Windes klingen nur ihre tauben, tonlosen Trommelschellen. Allein die begierigen Ohren dessen, der am steppenhaftesten, heißesten Ort lebt, hören mit Wonne diesen stummen und erfrischenden Klang.

Sie sind wie große Federn, deren Schaft in die Erde geheftet ist, voller Heiterkeit und Gleichmut.

Wie es die Zypressen des Todes gibt, so könnte man die Pappeln die Zypressen des Lebens und der Verjüngung nennen. Sie geben der Landschaft Ruhe und raten zur Gelassenheit.

Sie sind wie eine lange Gerte, nicht wie ein Baum. Eine hochgereckte Gerte, mit üppigem Blattwerk, umhüllt und geschützt von ihren Blättern. Kaum ist der Stamm zu sehen, ihre einzige Segelstange. Und sie haben keine Arme.

Vor dem Hintergrund des Mondes zeichnen sie sich ab wie Zypressen, wieder einmal wie die Zypressen, obwohl ihre breite, geschmeidige Baumspitze sie auch wieder unähnlich macht.

Vor dem niedrigen Mischwald, der nur einen dunklen Flecken am Horizont hinterläßt, ragen sie hoch auf.

In dieser herbstlichen Stunde heben sie sich am stärksten ab. Sie färben sich mit einem Veroneser Rot, reifen Frauen gleich. Sie röten sich so heftig, als ob ihre Leidenschaft für das Leben, das sie im Begriff sind zu verlieren, sie ganz erfaßte. Vor allem fangen sie das Abendrot ein, noch bevor es heraufzieht, fast schon seit der Morgenröte, ereifern sich in einem Rot, das niemand, der sie nicht kennt, für wahr halten würde, wenn er sie auf einem Bild sehen würde, das sie zu dieser Stunde zeigt. Roter, zinnoberroter Hochmut der Pappeln!

Der kleine Cervantespark

Es ist eine kleine Anlage, die immer sie selbst bleibt, die niemand umreißt, weder eines der Autos, das die Touristen in die nahegelegenen großen Hotels bringt, noch ein unbeholfener Blinder.

Sie liegt im Windschatten der Carrera de San Jerónimo, ein stilles Wasser gegenüber den Strömen des Luxus und den Windungen der Politik.

Sie ist immer gesammelt, abgeschirmt und bietet dem Schutz, der sich vor einer Lawine oder einer Überfülle von Reizen verstecken will.

In der Mitte steht eine einfache Statue Cervantes', ganz im Stil der Statuen des neunzehnten Jahrhunderts, als sie aus den Medaillen hervorgingen.

Alles kann schief gehen, wir können uns grämen, daß wir nicht zu den Privilegierten gehören, diejenigen fürchten, die kein Verständnis für uns aufbringen, unsere Geschäfte gehen schlecht, die Stadt trübt sich ein, dann verstecken wir uns für einen Augenblick in dem kleinen Cervantespark, und das reicht aus.

Hier herrscht ein anderer Tag, eine andere Zeit – der Tag und die Stunde Cervantes', seiner gutgläubigen, ausgesprochen bescheidenen Zeit voller Hoffnungen.

Wir haben ein Taxi genommen, um dringend genau an der kleinen Grünanlage auszusteigen, aber der Chauffeur kann nicht herausgeben, und wir müssen lachen, denn als er ausgestiegen ist, findet er ringsum niemanden, der Wechselgeld hatte.

Alles strahlt Ruhe aus, Gemächlichkeit, egal, was geschieht oder nicht mehr geschieht, vollkommenes Glück, gut gefügt in Erwartung dessen, was sich ereignet, und wenn sich nichts ereignet, dann ist es auch gut.

Hinter dem Laubwerk der vier Bäume und den Stäben des kleinen Gitters eilen Menschen mit höheren Ansprüchen vorbei, Menschen der Tat, die glauben, daß das Leben anders sein soll, als es sonst immer war.

Wir verbergen uns, wenn wir sie vorbeigehen sehen – das Ideal von Madrid ist, so zu tun, als ob man nichts gemerkt hätte –, und verspüren das überaus süße Gefühl, im gefährlichsten Augenblick, als die Begegnung schon unausweichlich schien, doch noch Schutz auf heiligem Boden gefunden zu haben.

Wir sind gerettet! Winzig nur ist der erfrischende Ort, aber so sind die Oasen immer beschaffen.

Die Carrera de San Jerónimo folgt ihrem raschen Lauf, wird mit einer gewissen Imposanz, die ihr stets eigen war, denn sie wird von Palästen und nicht von Palästchen gesäumt, immer breiter; der Fluß, der als schmale Quelle bei der Puerta del Sol begann, ergießt sich in einem stolzen Wasserfall – immer sind Wasserfälle stolz – und endet in einem Kniefall vor seinem Gott, Neptun, der ihm ein Ende bereitet.

»Wenn man Ihnen sagen würde, Sie sollten sich eine Straße auswählen, um sie zu heiraten, welche würden Sie wählen?«

»Die Carrera de San Jerónimo. Sie ist schön und reich.«

Der Madrider, der das offensichtliche, allzu offensichtliche Ungestüm dieser sympathischen, verschwenderischen Straße kennt, verspürt ein plötzliches Schamgefühl, eine Bange vor Versuchungen, die ihm nicht anstehen, und er sucht Schutz im schmalen Laubwerk des kleinen Cervantespark, wie zu den Zeiten, als hier Rennen veranstaltet wurden und die Straße mit Sand bedeckt wurde.

Im lichten Grün – man kann auch draußen bleiben, aber auf der Seite der Calle del Prado – verspürt man den Atem einer guten Zeit und fühlt sich frei von Ansteckung und Verlockungen.

Das ist anachronistisch? Nein, es ist das Bleibende von heute, das Moderne für alle, das stets Gültige, frei von allem Kommen und Gehen der Moden oder derjenigen, die sich in ihrer Orientierungslosigkeit verächtlich an einem anderen Ort und in einer anderen Welt glauben.

Es reicht, einen Augenblick in seinem Schatten zu weilen – in Schwarz gekleidete Silhouette von Don Miguel –, um wieder zu sich zu kommen und weiter zu werkeln, als ob das andere schon vorbei wäre, alles andere, die Beklommenheit, der schwierige Moment, die Bedrängnis.

Da wir über solch einfache Kriegslisten verfügen, kann uns nichts passieren, sind wir immun und lassen uns nicht von schlechter Laune erfüllen.

In diesem kleinen Garten braucht man nicht nach Unsterblichkeit zu streben – wenn man den Zug verpaßt hat –, denn hier ist man es, verspürt ein Gefühl der Vollkommenheit, so wie der Fähnrich seine Fahne ergreift und sie hoch erhoben schwenkt. Diese Fahne scheint Cervantes zu sein, hoch aufgerichtet, eine bronzene Fahne, die zu hissen mehr als jedem anderen dem Mann von der Straße gebührt.

Dieses Ausknipsen bedrückender, verkehrter Wirklichkeiten, das man an diesem Rastplatz der Stadt erleben kann, ist für mich immer wieder unvergeßlich.

Es gibt keinen Hunger nach irgend etwas, der sich nicht lindern ließe, sich nicht im Futteral dieser Statue auflöste, denn der auf ein Piedestal Erhobene ist mit dem seinesgleichen, der unter ihm steht, und sagt zu ihm: »Vielgerühmt bin ich jetzt, aber auch ich habe deinen Hunger eines gemeinen Mannes verspürt.«

Das alles in einem so kleinen Garten, der wie Gras auf einem Dach gewachsen ist und aus Mitgefühl verschont wurde, weil sich hier ein Rondell und ein Delta verschiedener Straßen bilden.

Solange es den Cervantespark gibt, darf ich Furcht vor der Mißachtung haben, mit der das Licht von Madrid und ein anmaßender Blick plötzlich den Passanten treffen.

Erst bei der Abenddämmerung, wenn die Stunde der Schatten anbricht, kommt der Wächter, der noch niemals seine Runde versäumt hat, verschließt das Tor mit zwei Drähten und hängt, falls einer es übersehen sollte, ein Papierschild daran.

Plaza de Santa Ana

Dieser Platz, den die Madrider einfach Santana nennen, ist ein Vorhof des Herzens von Madrid.

Wenn ich zurückkehre, möchte ich mich auf seiner Sonnenseite, zwischen Santa Cruz und Príncipe, niederlassen und für den Rest meiner Tage nicht mehr von dort weggehen.

Der Winter dringt in seine gläsernen Gewächshäuser, in denen man ißt und trinkt, aber kaum ist ein Sonnentag, geht man hinaus auf die Terrassen. Und wenn der Frühling beginnt, spielt sich das Leben Tag und Nacht unter freiem Himmel ab.

Das Hemd und das Unterhemd eines jeden Tages werden auf der Plaza de Santa Ana gewebt.

Ihre besten Stunden fallen in den Sommer, und die beste ist, wenn der Zeiger der Uhr auf eins steht, aber zwei Uhr anzeigt.

Der Platz ist durch seine eisernen Säulen geschlossen wie eine Stierkampfarena, aber er ist voller Schützengräben, hinter denen man sich verschanzen kann. Alle Schwellen und Schützengräben aber überspringen die Bettler.

Seine Lorbeerkränze – einschließlich derer des Teatro Español – machen ihn genau zu dem Ort, an dem Männer mit Talent fühlen können.

Ein Schwimmbassin des Bieres – in ihm kann baden, wer will. Hier verweilen die Männer, die kein Wort reden, und die, denen die Frau weglief, aber auch die lärmenden Halbwüchsigen, die zechen können, ohne zu sterben.

Hier geistert noch immer der Schatten der Männer des Siglo de Oro und der Romantiker herum. Am häufigsten der Cadalsos, Autor der *Noches lúgubres*, der seine blonde Geliebte hinter geschlossenen Türen hielt und sie, als sie starb, in San Sebastián zu Grabe trug, aber nicht ruhte, bis er sie wieder ausgegraben hatte, um sie noch einmal zu sehen.

»Den ganzen Tag gehen auf der Plaza de Santa Ana« – heißt es aus einer Feder des vorigen Jahrhunderts – »unzählige Wanderschauspieler auf und ab, die zu Ostern kommen, um sich in den öffentlichen Wettbewerben um einen Auftritt auf den Plätzen zu bewerben.«

Bei dem Knick, den unser Lieblingsplatz an der Ecke der Calle del Angel macht, entweicht ihm der Atem und das Wasser aus dem Fluß seiner Krebse.

Der Straßenhändler, der *mojama*, hartgekochte Eier und andere Leckerbissen verkauft, kommt, fast in der Art eines Stierkämpfers, mit seinen großen Gefäßen näher, schneidet dir mit dem schärfsten Messer der Welt ein Stück *mojama** ab, das wie eine Zusammenfassung von Meer und Erde ist, in der sich das Dörrfleisch mit dem Walfisch vereinigt.

»Das Allernahrhafteste!« sagt der Verkäufer zu dir und läßt es dich teuer bezahlen, aber nun hast du eine Reserve für mehrere Tage.

Noch voller Knospen der Klosterkirchen, die abgerissen wurden, bleibt dem Platz etwas von klösterlicher Atmosphäre erhalten, bewahren seine Bäume etwas von der Stille der Wandelgänge der Nonnen.

Man erfährt jede Neuigkeit auf der Plaza de Santa Ana, noch bevor sie an irgendeinem anderen Ort bekannt wird, dank bestimmter Empfangswellen, die dieser Platz seit längst vergangenen Zeiten besitzt. Dort trifft man auch den Freund, den man seit zweiundvierzig Jahren nicht gesehen hat.

Überall kann man Seifen, Hemden, Kaffee und Gewürze finden, und in ihren Buchhandlungen die ernsthaftesten und verläßlichsten Bücher, die in den Katalogen aufgeführt sind.

Ihre Morgenstunden sind genauso glücklich wie ihre Nacht, und hier orientiert sich derjenige, der guten Muts

Calderón-Statue auf der Plaza de Santa Ana

aufgewacht ist, an einem Stand eine echte Havanna kauft und, je nachdem, wohin er sie dreht und wendet, in diese Richtung geht, bis das Glück der Mittagsstunde erreicht ist, während für den Nachmittag Gott das Wort hat.

Ein Blick auf das Teatro Español und seine Vorverkaufskasse, die schon voller Geschäftigkeit ist, denn die Eintrittskarten werden bereits verkauft, und schon gefaltet warten die Karten auf die Theaterbesucher, die ihren Parkettplatz bereits reserviert haben.

Der ideale Platz für den Spaziergänger, der eine Entscheidung treffen oder nachdenken will, liegt an dieser Ecke zwischen Leben und Theater, zwischen hinauf oder hinunter, zwischen rechts oder links.

Am frühen Nachmittag ziehen sich diejenigen an den abgeschiedenen Platz zurück, die über das Glück zu leben meditieren und den Stierkampf als Zuschauer betrachten, ohne sich zu sehr in die Brandung der Geschäfte, der Literatur oder der Politik zu mischen.

Das ist seine neutrale, ruhige Stunde, während der Abend heraufzieht. Man muß nicht weiter dorthin noch hierhin gehen. Hier ist die Ruhe der Äquidistanz.

Einen Vortrag hören? Besser nicht. Etwas einkaufen? Besser nicht. Sich in das Getümmel auf den großen Straßen stürzen? Besser sich nicht von der Stelle rühren.

»Wohin gehst du?« fragt jemand den Deserteuer des Platzes.

»Ich gehe ...«

»Bleib doch.«

»Gut, ich bleibe.«

Laternen mit Brunnen

Es gibt in Madrid einige Brunnen, die mit einem Kerzenständer aus Laternen geschmückt sind. Sie sind die Kreuzung aus Wasser und Licht.

Ihre Lichter und ihr fließendes, denkendes Wasser geben der Erinnerung Leben. Ähnliche Brunnen in den Provinzen sind etwas anderes. Sie sind Brunnen mit Geranienbeeten und dichten Bäumen rundherum, als hätten ihre Laternen auf dem Land Wurzeln geschlagen.

Das gesellige, umgängliche Madrid besitzt diese Brunnen mit Laternen, weil es provinziell auf seine Art ist, und in Erinnerung an andere geliebte ferne Plätze.

Im neunzehnten Jahrhundert, als jemand diese kühne Idee hatte, stellten sich wahrscheinlich Kinder im Chor auf, und sangen Lieder, in denen von dieser unerhörten Neuheit die Rede war.

Heute, da es den elektrisierenden Kunstgriff der farbig angestrahlten Fontänen gibt, tritt das Antiquierte der anderen deutlich vor Augen. Sie sind eine Erinnerung an eine glückliche Idee aus vergangenen Tagen, aber es ist ihnen auch anzusehen, daß sie eine wegbereitende Allegorie waren.

Auf unseren Spaziergängen durch das nächtliche Madrid kommen wir immer gut miteinander aus, und die Melancholie des fließenden Wassers erscheint einem dank dieser rheumatischen Laternen, die es begleiten, gelindert. Sie stellen ein Nachtlicht in das Schlafzimmer des Platzes.

Wir wohnen dem Gespräch zwischen Wasser und Licht bei, und uns kam schon der Gedanke, daß es irgendwann eine Verwechslung geben wird, und daß Licht anstelle des Wassers herauskommt, während ein Wasserstrahl aus der Laterne sprudelt.

Der Kerzenständer mit den fünf Armen zelebriert ein Ritual, mit dem er Gott das Wasser zum Opfer bringt.

Wir haben uns ein Herz gefaßt, angesichts des geheimnisvollen, hochzeitlichen Zeremoniells von Wasser und Licht, und haben uns auf den Rand des Wasserbeckens gesetzt, zwischen das Feuer des Wassers und das Feuer des Lichts, und haben die Laterne mit dem quellenden Sockel gefragt: »Pflegt das Wasser heutzutage dramatisch zu sein, oder erlebt es auch Stunden der Sorglosigkeit?«

In den vertraulichen Sommernächten fallen vor Hitze ganz verdrehte Kinder in das Becken und pfeift eine der Laternen, daß jemand kommt und sie rettet.

Wem das Blut von der Nacht zu Kopfe gestiegen ist, der hat die Wahl, zum erleuchteten Brunnen zu gehen und sich kaltes Wasser über den Kopf laufen zu lassen, und er steht auch immer bereit, die Wunden der Schwerverletzten auszuwaschen.

Wenn der Brunnen auch für jedermann ersichtlich Wasser verschwendet, so versteht man doch, daß es versöhnendes Wasser ist, Wasser für Weissagungen und für die orakelnde Stimme, die in seinem Fließen liest.

Inmitten der Schutzlosigkeit der Nacht ist die hypostatische Einheit von Laterne und Wasser ein Zeichen der Brüderlichkeit.

Wird die Laterne, die vom Wasserstrahl begossen wird, hoch wie eine Königspalme werden?

An manchen Tagen schmeckt er nach Gas, an anderen nach elektrischem Licht, und an den Tagen seines Schutzheiligen nach Cognac.

»Was seid ihr dem ängstlichen Nachtwandler?«

»Wir sind die Oase in der Stadt«, haben sie uns geantwortet, »die nicht nur Wasser, sondern auch Licht spendet.«

Als wir einen Rückfall in unser zielloses Umherstreifen erlitten, besänftigten diese erleuchteten Brunnen unsere Unsicherheit und Angst, denn sie würden alles verraten, was uns zustoßen könnte.

In den harten Morgenstunden des Winters kann man sehen, wie das Wasser schwächer als das Licht ist; die Laternen brennen, aber das Wasser ist gefroren.

Im Sommer sind sie wie Schlafwandler, die sich beim Zapfenstreich des Zubettgehens verspätet haben, und dem, der es wünscht, bieten sie eine letzte Erfrischung.

Sie tanzen eine Jota oder paarweise Sevillanas, die Arme hoch in die Luft erhoben, über die Lebensfreude des Wassers. Sie sind die Segnung des Wanderers, sie verteilen die heiligen Sakramente, als seien sie das tätige Mitgefühl des Platzes.

Ihre Nachbarschaft liebt sie; der Diplomat im Ruhestand, der vergessene Schriftsteller und der bescheidene Pensionär, alle, deren Balkon hinausgeht auf den Brunnen mit seiner Laternenprozession, fühlen sich gestärkt durch diesen Beistand aus Licht und Wasser, die sich ständig verwandeln und ihre Träume bevölkern.

Auf die Nachtschwärmer wirken sie wie ein seltsamer Magnet, der sie anzieht, von einem Brunnen zum andern, ihrer geheimen Botschaft folgend.

Irgendwann ist es sicher schon passiert, daß im durstigen Vergehen der Stunden die Laternen mit Löwentatzen, oder jene Laterne da, die ganz dicht am sprudelnden Brunnen steht, ihre Giraffenhälse beugten, um durch einen Schluck die Kraft ihres Lichts zu stärken.

Nach allem jedoch, was ich über die Brunnen, die auf der Geige des Wassers spielen, gesagt und woran ich mich erinnert habe, überlege ich, ob zu ihrer Entstehung nicht die Notwendigkeit beigetragen hat, Viehtränken für die durstig die Stadt betretenden Pferde bereitzuhalten, die ausriefen, als sie bei Licht trinken durften:

»Oh große Stadt! Was gibt es in dir nicht alles für herrliche Dinge!«

Ramón mit einem Fundstück vom Rastro

Zum Rastro

Wenn uns Verlorenes schmerzt, tut es gut, zum Rastro zu gehen, denn er verschwindet nie. Er ist der große Trost.

Das letzte Mal, als ich dort war, fand ich ihn mehr denn je mit sich selbst in Einklang, dazu noch prächtiger, denn ich entdeckte einen mit Schätzen gefüllten Hof, den die Stände wie ein Karussell aussehen ließen.

Ich stellte fest, daß das Gesetz, das ich für den Rastro entdeckt hatte, das Gesetz des »unbestimmten Verbleibens«, noch immer Gültigkeit hatte: Ich stöberte Gegenstände auf, die in den dreizehn Jahren meiner Abwesenheit nicht verkauft worden waren und von denen ich sicher bin, daß ich sie noch vorfinden werde, wenn ich wiederkomme.

Es fiel mir auf, daß, genau wie die pittoresken Dinge, die den Ernst des Lebens außer acht lassen, das gleiche auf die kleinen Bagatellen des Lebens zutrifft. Diesem Umstand ist die Freude auf dem Rastro inmitten der Hekatomben zu verdanken.

»Und Arturo?«

»Ist gestorben.«

Arturo war für mich die teure Erinnerung an ein paar persische Kacheln, die ich als Halbwüchsiger und noch zehn Jahre danach nahe daran war zu kaufen, aber als ich mit den zwanzig Duros bei ihm aufkreuzte, für die er sie mir das letzte Mal überlassen wollte, »hatte sie schon heute morgen ein anderer Herr mitgenommen«.

Wieder einmal bin ich auf den Flohmarkt gegangen, um einen der zehn magischen Spiegel zu suchen, die der Kaiser Hoang Li vor längst vergangenen Zeiten hatte schmieden lassen. Immer noch hoffe ich, einen von ihnen zu finden, denn sie haben die wunderbare Gabe, uns vor

Augen zu halten, welche Art von Tier die Person ist, die sich uns nähert, ob angriffslustig oder harmlos.

Die mit lauter Stimme verhandelten Transaktionen verlaufen so unerwartet wie eh und je. So erhielt jemand, der Bilder mit Szenen aus dem *Quijote* verkaufen wollte, zur Antwort:

»Nein, nein, um Gottes willen! Ich will doch in Ruhe leben!«

Der Rastro ist voller Wahrheit, denn viele haben den Ratschlag Salomons nicht befolgt: »Kauf die Wahrheit und verkaufe sie nicht.«

Ein aus Gewohnheit nachlässiger Ton bestimmt die Antworten:

»Stell es dahin, auf das Klavier!«

Nur gibt es am Stand natürlich überhaupt kein Klavier, es war nur so dahingesagt, in der Manie von ironischer Größe und Vornehmheit.

Die Dinge vom Rastro können zum Gegenstand von Literatur werden, aber sie selbst können keine Literatur machen. Sie sind statisch, verletzlich, das ist alles.

Der Rastro, das ist, wenn man auf der Bordsteinkante, über der rechteckigen Öffnung des Abflusses – dem Sims des letzten vorstellbaren Kamins – eine Uhr und zwei Kerzenständer stehen sieht.

Der Rastro ist der große Immunisator gegen atomare Zerstörungen, denn schon er selbst erscheint wie ein symbolisches Hiroshima und jedem Test zuvorgekommen: die gesamte Geschichte in einem Areal.

Alles in allem könnte man hier das Leben neu gestalten, einen großen Salon eröffnen, mit Bildern, Spiegeln in Goldrahmen wie mit Ranken von Wappen alter Adelsgeschlechter, und vor allem mit Kronleuchtern, großen Kristalleuchtern, die, da sie viel geweint haben und ihnen die Tränen heruntergelaufen sind, an ihrem Körper große Körbe von Glasperlen, die neu aufgefädelt werden müßten, hängen haben.

Auf dem Rastro

Im hohen Wellengang, den man hier beobachten kann, fand ich diesmal ein paar Muscheln, die die Wellen nur ganz selten an den Strand schwemmen. Es sind die besten Briefbeschwerer.

Sie sind in der ganzen Welt schwer zu finden, und hier verstecken sich etliche mit ihren aus allen Schiffbrüchen geretteten Blümchen und ihren unvergänglichen kleinen Bonbons. Ich habe einen erworben, nur einen einzigen, denn sie sind in Gold wert, was sie wiegen, und sie wiegen wirklich sehr viel.

Mit einem Wort, ich fand die Identität und die Identifikation zwischen Vergangenheit, Gegenwart und Zukunft, und dem Ganzen setzte das Bankett beim großen Serafín, der seinen magischen Salon und die Läuse zur Verfügung stellte und zuließ, daß sein wie ein Orakel krähender Hahn eine schlaflose Nacht verbrachte, den I-Punkt auf. Als ich mitten in der Nacht vom Rastro zum Hotel Ritz ging, erlebte ich einen der schönsten und lehrreichsten Kontraste meines Lebens, denn auf allen Wegen geht man zum Rastro oder kehrt von ihm zurück.

Jetzt ergeht es mir hier manchmal so*, daß ich, wie im Wachtraum an den Rastro denkend, in eine Straße voller Trödelläden trete. Wenn ich es bemerke, möchte ich kehrtmachen, denn die Türen der Trödelläden üben einen Sog aus, der uns dort hineinziehen will, wo man in einer Minute eine Bestandsaufnahme von uns machen würde. Und so gehe ich aus Eigenliebe auf dem Bürgersteig weiter und betrachte tapfer die Schaufenster.

Da stelle ich fest, daß hier genau das Gegenteil von dem, was man hätte vermuten können, passiert. Hier zieht sich der Arme nicht wie ein Armer an, hier zieht sich elegant an, wer es nötig hat, die Lackschuhe glänzen, und häufig sind Frack, Bowler und Zylinder zu sehen. Es gibt Lorgnetten, um in die Oper zu gehen, und viele Fotoapparate, damit der Tourist durch die Straßen schlendern und Erinnerungen festhalten kann.

Man kann schlecht angezogen in die Straße der Trödelläden gehen und ganz nach der Etikette gekleidet wieder herauskommen; beim grenzenlosen An- und Verkauf, das der Rastro darstellt, kann es einem so ergehen, wie es einmal ein Portugiese beschrieben hat: »Man geht dort in Zivil hinein und kommt als Admiral wieder heraus.«

La Moncloa

In meiner Nostalgie vermische ich zwei Zeiten, konjugiere ich zwei Verben falsch; aber die Vision, die sich unter allen anderen deutlich abhebt, leuchtet einzigartig, verändert sich nicht, ist unauslöschlich.

Heute kam mir die Moncloa als der Brückenkopf von Kastilien vor Augen, als das Mutterkorn von Madrid, der Ort, wo der Emigrant spazierengeht, der in seine Heimatstadt zurückgekehrt ist.

Hinaus zur Moncloa zu gehen, bedeutete, das über die Hauptstadt des spanischen Königreichs Hinausweisende zu atmen, an der Spitze der Brücke, die bis nach Amerika reicht. Sie war unser erster großer Versuch, Abenteuer zu erleben.

Die Romantiker des schwierigen Lebens, Alejandro Sawa oder Villaespesa*, machten dort ihre Spaziergänge, und Valle-Inclán*, vom Wind getrieben, der sich in seiner Pelerine verfing, begegnete ihnen wie eine glückliche leidende Seele. Sie grüßten einander, als ob jeder einem befreienden Windstoß folgte.

Für mich ist die Moncloa der freie Raum par excellence. Zu ihr zu gehen, war die Eskapade schlechthin.

Bäume im dichten Unterholz, ein abschüssiger Weg, als ob wir den Schluchten entgegenliefen, dem tiefen Loch sind, das blieb, als die Erde weggebaggert wurde, um den Hügel aufzuschütten, auf dem Madrid erbaut wurde.

Getrieben von der Enttäuschung, wie langsam sich der Erfolg eines Schriftstellers einstellt, gingen wir bis zur Felskluft, um die Sierra de Guadarrama im Hintergrund wie einen unverrückbaren Triumph des lebendigen Genies der Erde, den die Bergkette mit ihrer unsterblichen Stirn ewigen Schnees darstellt, zu betrachten. Eine verwegene

Landschaft, deren Hintergrund die mächtige Kordillere erleuchtet.

Das Ideal des Lebens ist, aufs Geratewohl in der Moncloa spazierenzugehen, wie aus dem Gefängnis entflohen, aber ohne Bescheinigung auf irgendeinem Stück Papier, daß man dort gewesen sei.

Ich wähle die Moncloa wegen ihrer Wildwüchsigkeit, des Mischwaldes, des dichten Gestrüpps, der Täler und der Quellen, von denen es heißt: »trink nicht daraus, sonst stirbst du«, neben den Quellen reinen Wassers.

Sie stellt dar, was es an wilder Landschaft am Rande des Lebens gibt, sie ist das wunderbare Land, wo man über Madrid und Spanien gut meditieren kann.

Wenn man nicht dort über das spanische Wesen Aufschluß erhält, dann nirgendwo.

Darum darf ein Gang durch die Moncloa nie den Charakter eines urwäldlichen Spaziergangs verlieren, denn es gibt genug Unterholz, um nicht genau zu wissen, wo man läuft, so wie es dem Spanier ergeht, wenn er nach Amerika kommt.

Sie ist eine Wegstrecke, gemacht, damit sich die spanische Seele gut erhält an der Nabelschnur der Jahrhunderte und sich in der Landschaft verdichtet wie an einem Ort göttlicher Wahrheit.

Für den Menschen der Stadt, für den reinen Madrider, verbarg sich in der Moncloa die Vielfalt der Länder der Welt, der Norden gab dem Süden die Hand, die Weingärten verbanden sich mit den Maisfeldern.

Erst über der Casa de Campo und dann über der Moncloa eine Runde drehend, flogen Tauben, als würden sie der Guardia Civil eine dringende, nicht übertragbare persönliche Botschaft bringen.

In der Moncloa überdachte Goya die großen Entwürfe seiner Malerei, und auf dem Schloßvorplatz – dem Bug von Madrid – habe ich, als kleines Kind auf dem Rasen spielend, in der Atmosphäre der verliebten Abschiede des

Abends gesehen, wie sich die Saatkrähen in inniger Leidenschaft umarmen.

An diesem Ort kann man ohne Ziel und Zweck umherspazieren; ohne diese Möglichkeit darf man den Beobachter der Seele nicht lassen.

Sie ist das Haar auf der Brust Spaniens, der volle Dachboden des mannhaften Denkens über die Kontinuität der Geschichte in ihrer versteckten, bäuerlich-städtischen Erscheinungsform.

In der Moncloa liegt die Gunst des menschlichen Denkens im Maßstab des Menschen, entstanden durch die Verknüpfung und Entknüpfung von Nervenverbindungen im ersten iberischen Tal; was bewirkt, daß der Spaziergänger aus der Moncloa ganz spanisch wiederkommt.

Der Schlüssel für das Grüblerische des Madriders ist in diesen üppigen gewundenen Pfaden zu suchen, genau der Ort für transzendentale Schulschwänzer – für die frivolen ist der Retiro da –, die in kurzen Ferien von dem ausspannen, was das Leben an Poesie und Höhle besitzt.

»Wohin gehst du?« fragt mich ein Freund im Bus nach Leganitos.

»Zur Moncloa.«

»Aha, zur Moncloa!« Und er erbietet sich nicht einmal, mich zu begleiten, denn das wäre seiner Meinung nach zuviel verlangt, einfach auf dem Wege zu improvisieren, und außerdem geht man zur Moncloa eingehüllt in den Mantel der dreigeteilten, aber mit einem bestimmten Gefühl der Rebellion gesäumten Einsamkeit.

Gärten und Parks gibt es überall; gepflegte Spazierwege, zierliche Schrägbeete, lichte Wälder, Wege in der Umgebung mit unbestimmten Nebelschwaden, sogar Renaissance-Parks. Aber eine Landschaft wie die der Moncloa, schlicht und einfach, ist genau mit dem Notwendigen versehen, um sich der Meditation hinzugeben und sich gegen den sonstigen Geiz an Landschaft immun zu machen.

Es gibt keine kokett verspielten kleinen Plätze, keine kitschig verträumten Winkel, keine Hirschjagden, denn hier ist der sentimentale Hirsch derjenige, der seinen Spaziergang macht, der ruhig die Entfernungen mißt und den niemand vertreibt.

Ich bin an fernen Orten spazierengegangen, ich habe Träume und Sorgen in die unterschiedlichsten Baumrinden eingeritzt gesehen, doch immer erschien mir die Moncloa als phrenologischer Kopf einer Landschaft mit sanft abrupten Windungen im Hirn der Natur, die durch ihren haarfeinen Baumwuchs einen Federbusch trägt.

Wir durchstreiften ihre überwachsenen Pfade, denn wir waren Männer und nicht Frauen, die lieber zu Hause bleiben, weil sie immer darauf warten, daß sich ihre Lage verbessert, genau wie die Katze, die sich nicht von der Stelle rührt und wie gebannt auf die kleine Öffnung starrt, durch die ihrer Meinung nach die Maus schlüpfen muß.

Zur Moncloa geht man inkognito wie durch die Pforte, die zu den geheimsten Gärten des spanischen Wesens führt, hier deduziert man, was sein kann und was nicht sein kann, und dann geht man nach Hause wie jemand, der falschen Versprechungen zuvorkommt und anerkennt, daß die Gegenwart genausoviel Wert hat wie die Zukunft, und fühlt sich etwas weniger ungewiß.

Wenn der Sommer kommt, ist die Moncloa am spürbarsten die Moncloa. Die Grillen erfüllen den Raum mit Gedankenstrichen, es scheint, daß sie einen elektrischen Kontakt entwickeln, eine Spur des Kurzschlusses, den die Zikade hervorruft, die einen hartnäckigen Kontakt mit den Drähten widersprüchlicher Elektrizitäten unterhält.

Als stocherten sie in den Ohren der Natur mit einem Strohhalm herum, stecken die Kinder Halme in die Öffnungen der Erde und kitzeln die Grillen, um zu sehen, ob sie vielleicht herauskommen.

In Dosen tragen sie einige dieser kleinen Tierchen nach Hause und stacheln sie an, daß sie wie Vögel singen, denn naiv wie sie sind, glauben sie, daß die Grille ihr liebevolles Necken versteht.

Von weitem sind Drehorgeln zu hören, sie klingen aus der Ferne wie in einzelne Xylophone auseinandergenommen, mit langsam schleppendem Anschlag, wie in die Uferböschung gefallen.

Die Liebespaare der Moncloa finden überall einen kleinen Hubbel, gegen den sie sich lehnen, eine Kuhle, in der sie es sich bequem machen, und ein schattenspendendes Gebüsch, hinter dem sie sich verbergen können.

Opfer der Liebe, zu Paaren gefallen in unblutigen Schlachten, vermitteln sie einen Anblick, der einem das Herz bedrückt.

Sie haben etwas Verhängnisvolles an sich, etwas Gieriges und Besessenes, und wenn sie es nicht schon jetzt sind, werden sie eines Tages Feinde sein, mit Handschellen aneinander gefesselt.

Wir wollen mit unserem gewohnten Optimismus dieses Panorama Gefallener betrachten, aber uns betrübt der Gedanke, wie sehr sich die Liebe verwirrt.

Die Liebenden der Moncloa liegen in den unterschiedlichsten Positionen, ja einige erwecken den Anschein, als hätten sie sich schon das Leben genommen. Sie sehen einander nicht an, als würden sie der Natur selbst die größte Lektion an Diskretion erteilen und noch die Wächter dabei erziehen.

Manchmal, wenn sie sich in der Dämmerung niederlassen, spielen sie mit einer Apfelsine statt mit einem Apfel, aber die Apfelsine hört deswegen nicht auf, Apfel zu sein.

Die Bequemlichkeit, die die Liebe schafft, ist unglaublich, immer findet sie noch ein weiches Polster auf dem härtesten Gestein.

Die Liebespaare der Moncloa sind ungeduldig, sie suchen Waffenruhe fern von der Enge der Stadt und den neugierigen Blicken der anderen Parks. Sie glauben, daß sie die Welt etwas verlassen, wenn sie diese Landschaft betreten.

Alle warten, daß der Abend hereinbricht und machen uns mit dieser offen drängenden Erwartung den Tag schon früh zum Abend. Ihre Augen fest auf den rosafarbenen, hell leuchtenden Himmel geheftet, wünschen sie ihn bereits dunkel und drängeln die Sonne an den Horizont. Auch den Bogen der Stunden beschleunigen sie.

Trotzdem kommt die Nacht heute später als sonst, denn die Stunde, um die auf Anweisung der Behörden die Uhren weitergestellt wurden, hat die Gelegenheit zur Liebe für diejenigen verkürzt, die um diese Zeit wieder zurück sein müssen, wenn sie nicht schon für immer gegangen sind.

Wie Kinder, die ein Abziehbild an der Fensterscheibe hervorzaubern, umschmeicheln sie den Mond, damit er sich endlich entschließt und sich in seiner ganzen prallen Rundheit strahlend am Fenster des himmlischen Oberlichts zeigt.

Unter diesen Liebenden der Moncloa sind auch diejenigen, die sich seit gestern schon treiben lassen und einen Anblick der Erschöpfung bieten, denen schon die verzweifelte Kehrseite der Liebe anzumerken ist. Er liegt schlafend in einer Position der tiefsten Ruhe, während er mit einer Hand, die seinem Schlaf entschlüpft ist, sie festhält, als fürchtete er, daß sie ihn mitten im Schlaf verlassen könnte, während sie sich, besiegt, in der schwierigsten Position der Welt auslöscht, eine Hieroglyphe posthumer Meditation, den Kopf zwischen den Beinen, wie die Haruspizes sie in die Tongefäße tauchten.

Paseo del Prado

Die Spaziergänge durch den Paseo del Prado wiederholen sich ständig, aber immer wieder lassen sich auf dieser Wegstrecke neue Realitäten, neue Phantasien, neue Geheimnisse finden.

Heute habe ich festgestellt, daß der Apollo-Brunnen die Bewegungen eines Rouletts vollführt – des Rouletts der Jahreszeiten –, und daß die symbolischen Figuren der Vier Jahreszeiten, die ihn auf dem ersten Sims des hohen Sokkels umgeben, in einem langsamen Reigen kreisen, bis die Jahreszeit auf den ersten Platz kommt, die gerade Gültigkeit hat.

Diese Bewegung, die natürlich auf keinem Foto festgehalten werden kann, ist zu sehen und nicht zu sehen, aber die Wahrheit ist, daß an den kalten Tagen der winterlichen Jahreszeit die mit Tüchern umhüllte und in Schals eingewickelte Figur, die sich über ein Kohlebecken beugt und sich im Frühling und Sommer hinter Apollo versteckt, im Vordergrund steht.

Sehr respektabel ist dieses Denkmal, in dem die Madrider Jahreszeiten geschmiedet werden. Alles hängt von ihm ab, von den wetterlichen Gnaden, die der schöne Gott, dem nur noch diese Rechtsprechung in Madrid und Umgebung verbleibt, nach seinen Gelüsten erteilt.

Wenn Apollo fröhlich ist, präsentiert er den Frühling, aber wenn es ihm einfällt, besorgt und melancholisch zu sein, zögert er den Winter hinaus.

Die kältestarre Figur des symbolischen Chors ist von vorne nicht zu sehen, denn wenn man das Spiel des Gyroskops bemerkte, würde man sie mit Steinen bewerfen, weil anscheinend die gute Jahreszeit kommt, dann aber doch nicht kommt.

Das Geheimnis des Denkmals, daß es ungestraft bleibt, liegt in seiner Unbeweglichkeit, aber ich weiß, was dort oben ausgeheckt und im Schilde geführt wird.

Das ist er, der Gleichmut der Statuen – still und ruhig nach innen und unempfindlich nach außen. Immer, wenn ihr an diesem Denkmal vorbeikommen solltet, denkt daran, daß sich hier das Feuerrad der unterschiedlichen Temperamente der Jahreszeiten dreht.

Wie oft habe ich nicht um Gewogenheit gebeten, wenn ich an Tagen unter Null an ihm vorbeikam und ihm im Vertrauen riet: »Aber siehst du denn nicht, daß es dir, nackt wie du bist, besser ergehen würde, wenn gutes Wetter kommt?« Aber nichts, denn es scheint, daß es ihn viel mehr ärgert, überhaupt so nackt dazustehen.

Der schöne Brunnen mit dem Charakter eines prophetischen Thermometers wird immer die vertrauliche, bewegende Botschaft auf dem Winterspaziergang durch den Prado sein.

Neptun, der danach kommt, ist ein exotisches, paradoxes Element, denn auf der Hochebene hat der König der Meere nichts zu suchen. Vielleicht gehen wir deshalb immer scherzhaft mit ihm um, obwohl er uns an Krabben und Sardinen denken läßt, Kontrast der Mahlzeit des Reichen und der Mahlzeit des Armen, und wir meinen, daß sein Dreizack wie die Fischgabeln aus Silber sein sollte. Zuviel Meeresgott für so wenig Fluß!

Die tiefe Lektion des Prado beginnt danach, unter den großen Bäumen, die wie ein hyperboreisches Bild des Museums sind.

Die vier folgenden Brunnen sind der Zwischenakt einer winterlichen Taufe inmitten des Weges und verbinden die Erinnerungen an den Park und die Gärten, während der Hirsch die Calle de Espaltar hinauf entflieht.

Die Schritte verhaspeln sich auf diesem kleinen feuchten Platz, doch da die nächste Lektion des Prado im letzten Teil beginnt, muß man dieses Labyrinth an Brunnen und

Ramón del Valle-Inclán auf dem Paseo del Prado

Pfützen entwirren und sich dem Gitterzaun des Botanischen Gartens nähern.

Es fällt die Abenddämmerung eines winterlichen Tages; noch gibt es einen Schimmer von Licht zwischen den starken Eisenstäben, die zu verhindern scheinen, daß jemand einen Baum stiehlt.

Es ist die Stunde, in der der Botanische Garten sich in einen Friedhof und die Namensschilder auf ihren Eisenstäben in Grabinschriften verwandeln.

Der Garten könnte gut voller Eichhörnchen sein, aber hier gedeiht dem Anschein nach das Eichhörnchen nicht so gut, es ist ein lebhaftes Tier, das sich wohl nur in Diplomatenstädten wie Washington wohl fühlt.

Der Botanische Garten hat eine feierliche Unbeweglichkeit, und er ist von großer symbolischer Bedeutung. Denn er repräsentiert nicht nur alle Gebiete, die Spanien in Amerika besaß, in ihm wachsen auch Bäume aus Afrika und Asien.

Das ist die Stunde, in der seine Bibliothek gepreßter Blätter und Blüten das gesamte Archiv der großen Botaniker durchsieht, die Amerika durchforsteten und seine Flora aufzeichneten und erforschten und dem König ihre Ergebnisse in versiegelten Briefen schickten. Und dabei bleibt von diesem Reich nichts als diese Erinnerungen zwischen den Seiten der Bücher.

An all das denke ich, wenn ich die kinematographische Bewegung der Eisenstäbe und Bäume im Hintergrund sehe.

Am nachdenklichsten werde ich auf diesem Spaziergang, wenn ich vor dem Carolus-Tor angekommen bin.

Dieses dreiflügelige Tor, ein Glückstreffer der Architektur der Türen, ist bereits geschlossen. Die im klirrenden Frost erstarrte Allee, die man durch das Tor hindurch sehen kann, ist melancholisch, aber sie zelebriert so etwas wie einen herbstlich-winterlichen Empfang der verirrten Geister.

Nicht wir betrachten den Garten, sondern der hinter Gittern liegende Garten schaut uns an, mit einem seltsamen, späten, ein wenig schrägen Blick.

Was wir jetzt erleben, kann man »den Ruf des Botanischen Gartens« nennen.

Ein Spiegelspiel findet statt auf dem Gartenweg, und im Hintergrund zeichnet sich der Kopf einer Frau ab, die ein Seidenband mit einem großen Medaillon um den Hals trägt, ein Gespenst aus dem Zusammenspiel der Bäume und der Quellgrotte am Ende des Gartens.

Das große spirituelle Geschenk des Spaziergangs durch den Paseo del Prado liegt genau in dieser Halluzination. Immer gewinnt sie eine andere Gestalt, bietet neue Entwürfe in jeder Abenddämmerung, obwohl die Ähnlichkeit der Silhouette mit den Tagen und den Jahren gleich bleibt.

Nur um dieses Bild einer toten, verschwommenen und erinnerungsvollen Frau zu sehen, deren Witwer wir alle sind, kann man nach Madrid zurückkehren. Das Herzstück des Tors, sein Schloß, verteidigt den geheimen Hermetismus dieser Vision, und wir hören nur so etwas wie die sehnsüchtig verlangende Stimme einer Pflanze, die unsere siamesische Zwillingsschwester ist und zu uns sagt:

»Wir hier drinnen lieben dich bereits sehr, obwohl du noch draußen entlangspazierst... Eines Tages wird deine Einsamkeit größer sein, wirst du auf der Kehrseite des Lebens der Passanten sein, wirst die Lebenden vorbeigehen sehen, die deinen Schatten nicht mehr stören können... Du wirst schon sehen... Du wirst schon sehen... Du wirst alte Karnevalszüge, die sich hierher flüchteten, sehen, mit Masken gleich merkwürdigen Pflanzen, die sich hier versteckten.«

Das Haus Calderóns

Ich lernte das Haus im jugendlichen Alter kennen, als wir an den Sommerabenden durch die Stadt streiften und Gedenktafeln entdeckten.

Schon als wir uns dem etwas eingerückten Gebäude näherten, dachten wir an den großen hageren Mann mit der engen Soutane und dem Flügelrock.

Die Gedenktafel wurde an dem Haus, in dem Calderón lebte und starb, 1850 von der Stadtverwaltung angebracht. Es ist eine einfache Marmortafel, auf der in goldenen Lettern der lapidare Satz steht: »Hier lebte und starb Don Pedro Calderón de la Barca«. Ein Zeitungsartikel von Mesonero Romanos* rettete das Haus vor dem Abriß. Es war schon als einsturzgefährdet zum Abbruch freigegeben worden, als die Stadtverwaltung seine Instandsetzung und Erhaltung im ursprünglichen Zustand verordnete.

Nach dem letzten Inventar der Kunstwerke, die der Dramatiker in seinem kleinen Haus besaß, mußten die Wände und Gänge voller Bilder und Marmorreliefs mit Szenen aus der Passion Christi gewesen sein. Der große Maler Claudio Coello war mit der Schätzung aller Kunstgegenstände beauftragt worden.

In diesem Haus erhielt Calderón ein Jahr vor seinem Tod die Briefe des Herzogs von Veragua, Vizekönig von Valencia, der ein großer Bewunderer seiner Werke war. In ihnen bat er ihn, »in allen Einzelheiten zu beschreiben, welches seine Komödien sind«, worauf Calderón sich in seiner Antwort sehr über Buchhändler und Drucker beschwerte, weil »sie nicht nur ohne mein Einverständnis« – schrieb er – »meine unausgefeilten Fehltritte auf den Markt bringen, sondern mir auch noch fremde unterschieben, und auch diese sind schlecht gesetzt, mangelhaft korrigiert, mit vielen

Fehlern und unvollständig, so daß« – fuhr Calderón fort – »ich seiner Exzellenz versichern kann, daß ich zwar dem Titel nach meine Komödien kenne, aber ihrem Inhalt nach nicht, denn es gibt so manche, die mir zur Kenntnis gelangen, von denen ich glaubte, daß sie meine waren, aber feststellen mußte, daß sie es nicht sind, aufgrund all der Entstellungen durch die heimlichen Veränderungen, die so manch kleiner Dieb ihnen zugefügt hat, der davon lebt, sie zu verkaufen, weil es andere gibt, die davon leben, sie zu kaufen«.

Calderón, eine brennende Altarkerze in dem kleinen Häuschen in der Calle Mayor, riet sich stets selbst mit großer Klarheit des Denkens zu mehr moralischem Gewissen, mehr Versöhnung zwischen Reich und Arm, zum Streben nach unanfechtbarer Wahrheit und wachem Sinn, um auch nicht den kleinsten Schatten eines Ehrverlusts auf sich ruhen zu lassen.

Der Spitzbart, den er trug, war wie die Flamme einer nach unten gehaltenen Kerze. Die Altarkerze verbrauchte sich, brachte aber Jahr für Jahr »Autos sacramentales« und Komödien hervor.

Calderón verabreichte sich ständig selbst die letzte Ölung. Er ging in der Selbstzelebrierung der Sakramente, die Lope so verschwenderisch zu handhaben pflegte, weit über diesen hinaus, denn bei Lope reichten sie nur bis zur Beichte, um gleich darauf wieder in Sünde zurückzufallen.

Calderón lebte bußfertiger, ohne Ablenkung durch Eifersuchtsdramen, seine Verse sind erhabener, seine Gestalt gehört mehr der Himmelssphäre, die Lopes mehr der Erdkugel an.

Am 20. Mai 1681 – fünf Tage vor seinem Tod – schrieb Calderón in seinem Schlafzimmer sein letztes Testament, ein Muster an Vorkehrungen. Darin hieß es: »Da ich mich in nicht unmittelbarerer Gefahr für das Leben als das Leben selbst und bei vollem und klarem Verstand befinde, bitte ich erstens inständig die Person oder die Personen, die mir barmherzig beistehen werden, daß sie, wenn meine Seele meinen Körper verlassen hat, ihn der Erde zurückgeben wie eine ihr gehörige Gabe, ihn erst in das Gewand meines seraphinischen Vaters San Francisco kleiden, ihn mit seiner Kordel und dem Gürtel San Agustíns, der ebenfalls mein Vater ist, gürten und ihm auf die Brust das geweihte Band Unserer Señora del Carmen auf beide priesterliche Gewänder legen; er soll auf der Erde aufgebahrt werden auf dem Ordensmantel des Heiligen Santiago; es ist mein Wille, daß er in dieser Form dem Herrn Pfarrvikar und den Vikaren, die der ehrenwerten Congregación de Sacerdotes Naturales von Madrid angehörten oder angehören, in die Pfarrkirche San Pedro überführt wird, daß ihm die Behandlung ihrer barmherzigen Einrichtungen zugute kommt, die gleiche Barmherzigkeit, die jedem anderen armen Priester gebührt, den sie in seinem Sarg (und nicht in einem anderen) erhalten, damit er in ihm in die Pfarrkirche San Salvador gebracht wird; und so bitte ich inständigst Herrn Pfarrvikar und die Vikare, wie auch die Herren Testamentsvollstrekker, die weiter unten namentlich genannt werden, mein Begräbnis zu verfügen; sie sollen mich im offenen Sarg tragen, damit ich teilweise die öffentlichen Selbstgefälligkeiten meines verschwenderischen Lebens mit der öffentlichen Enttäuschung über meinen Tod befriedigen kann.«

In dieser Form zu Grabe getragen und in »Rauch, Staub, Nichts und Wind« verwandelt, ging seine Seele dorthin, wo »die Zeiten ewig sind«. Das Häuschen in der Calle Mayor blieb leer und füllte und entleerte sich viele Male, bis im Jahr 1928 derjenige, der das schreibt, es fast bezogen hätte, da es unbewohnt war und seine Miete nur 80 Pesetas betragen sollte.

Einige Tage dauerte die Unentschlossenheit, während ich Calderóns Haus – leerstehend und zugänglich – immer wieder aufsuchte. Ich bekam Angst vor der Nordlage seines einzigen Balkons – mit Blick auf die Sierra de Guadarrama – und vor dem Schlafzimmer, in dem der Traum von »La vida es sueño« seine höchste Wirkung erlangen würde.

Ramón de Mesonero Romanos

Ich sah die vier Zimmer in einer Reihe vor mir, wie erfüllt von äußerster Agonie und wie Nischen, Öfen, in denen unsterbliche Ideen brennen, und die weißen Kacheln der Küche wie Gedenksteine vergessener Gedanken.

Mich als Schriftsteller sahen diese weiß getünchten Wände fordernd an; und wenn meine Ideen auf einmal gereimt sein sollten? Und wenn sie am Vorabend eines großen Festtags an der Tür riefen und mir ein neues »Auto Sacramental« abverlangten? Und der Gesang der Grillen, der das Haus gegen Abend erfüllen würde?

Ich nahm Abstand. Dazu trug auch bei, daß ich die Rufe meiner Freunde fürchtete, wenn sie in den Sommernächten Licht brennen sehen und mir zurufen würden: »Ramón! Ramón!«, während über den profanen Lärm hinweg allein zu hören wäre: »Calderón! Calderón!«

Steinstatuen

Madrid ist reich an Steinstatuen, und das hat eine große Bedeutung. Die steinernen Statuen sind wie eine Reserve Kandiszucker für den Fall, daß es einem schlecht geht. Ich vermisse sie sehr, denn nirgendwo anders gibt es in einem so kleinen Umkreis so viele weiße, hoch aufragende Statuen.

Die Luft an anderen Orten ist, als ob ihr der Zucker fehlte, irgend etwas vermißt man.

Taggespenster und Nachtgespenster, wir wissen, wo wir sie finden können und dehnen oft unseren Spaziergang aus, um sie aufzusuchen.

Der Ausspruch »geiziger als ein Stein« trifft nicht auf sie zu, denn sie geben immer etwas, indem sie da sind, mehr als ein Mensch aus Fleisch und Blut, dem wir auf der Straße begegnen.

Sie geben uns Standhaftigkeit, vitale, pantheonische Kraft, und wenn etwas durch Katalyse wirkt, dann wirken sie durch Steinlyse, wie eine geheimnisvolle Mixtur, die auch unsere Existenz größer erscheinen läßt.

Ein ähnlicher Aperitif sind die Fontänen und in geringerem Maße die kleinen Quellbrunnen, die überall zu finden sind, wenn man sich nur die Mühe macht, nach ihnen Ausschau zu halten.

Als suchten wir einen höheren Schutz für einen schwierigen Augenblick, sagen wir uns: »Ich gehe mir jetzt eine Statue ansehen«, um vielleicht den einzigen Wächter, der es mit dem Schicksal aufnehmen kann, herbeizurufen.

Überall in Spanien gibt es aufgerichtete Steine, Gesimssteine, Bildstöcke an Landstraßen, Stiere aus Guisando, die kaum die Andeutung einer Darstellung sind, kleine Pyramiden auf Marktplätzen.

Dieses Aufrichten des Steins auf dem Stein, des großen Marksteins oder der schmucklosen Säule war bereits eine Vorwegnahme der Statuen, die Madrid wie eine erwünschte Epidemie heimsuchten.

Nun hätte man all diese Juwele oder Gesteinsbrokken wegräumen können, aber das wenige, das sich ansammelte, wurde wieder aufgerichtet, und die einzelnen Stücke, die im Archäologischen Museum untergebracht sind, warten darauf, an ihren Ort gebracht zu werden. Die Mariblanca der Puerta del Sol zum Beispiel hat mehrere Male Lust verspürt, sich wieder mitten in sie hineinzustellen, aber wenn es ihr auch nicht gelang, so sind doch die beiden steinernen Floreszenzen, die sie umgaben, wieder zu sehen.

Es beginnt in Madrid wieder das Aufstellen weißer Steine, dagegen ist nichts zu machen. Darum verändert die Fuente de la Fama mit ihrem Engel des Letzten Gerichts zwar ihren Standort, verschwindet aber nicht, kann nicht sterben, besiegt die Lungenentzündung, die in die Statuen eindringt.

Das Überleben der weißen Statuen aus der Vergangenheit oder auch der gerade geborenen liefert ein Beispiel an Gesundheit, Eingewöhnung und Gleichmut der Zeit und dem Wetter gegenüber, das unseren Neid weckt.

»Feigling, siehst du nicht, daß ich nackt bin?« sagt Neptun an eisigen Wintertagen.

Die Königsstatuen sagen nicht einmal das. Stolz und hochmütig geben sie das Beispiel, wie man dem Verstreichen der Tage und Jahre festen Fußes gegenübertritt.

Was verbergen wohl die Statuen in ihrem Innern?

Kommt aus dem verborgenen Türchen, das sich in ihnen öffnet, der große Erforscher all dessen, was geschieht, der Detektiv, der verhindert, daß das Verbrechen ungestraft bleibt?

Im Umgang der Madrider mit ihren Statuen erhalten wir Lektionen der Standhaftigkeit, der Art und Weise, wie man die Dinge gelassen hinnehmen muß, wie man guter Dinge sein Zuhause zu suchen hat.

Die gute Beziehung zu einer Statue zählt mehr als irgendein freundschaftlicher Ratgeber, der nur unseren Pessimismus verstärkt.

Der beste Beweis für die Gültigkeit der Statuen wird jedoch Sonntag vormittag zelebriert.

Wenn sich ein gutes Einvernehmen mit den Statuen einstellte, kehren wir vergnügt, guter Dinge und mit großem Appetit nach Hause zurück.

Halb im Scherz, ohne daß die Frau sich erklären kann, was das heißen soll, rufen wir ihr vom Eingang zu:

»Wie weit ist der Reis mit Statuen?«

»Mit Muscheln, danke, gleich ist er fertig.«

Wir sagen nichts mehr, denn wir bringen die fröhliche Flasche der sonnenbeschienen-stattlichen Statue mit.

Es ist schon unvergeßlich, der Umgang mit ihnen an den Sonntagen, wenn man nach Hause kommt, vollgetankt mit Herkulessaft der Ewigkeit. Aber wenn dieses Von-den-Statuen-zwischen-zwölf-und-zwei-Uhr-mittags-auf-die-Schulter-geklopft-Werden zu verwickelt wird, machen wir einen Rückzieher und gehen ins Museo de Reproducciones, sehen uns dort die Statuen aus der Geschichte an und reproduzieren in Stein diejenigen, die dort in Gips stehen.

Das ist bereits Trunkenheit, Delirium, Desideratum, Wermutrausch, und wenn wir danach den Paseo de las Estatuas im Retiro durchqueren, um zur Calle de Alcalá durch die Puerta de Hernani zu gelangen, kommen wir s-förmig laufend nach Hause, seekrank vor Rundungen, bestätigt in dem, was wir sind und was wir sein werden, satt vor Unsterblichkeit, der Unsterblichkeit der Statuen.

Rinconada de cuchilleros

Dort ist der Tag alt und neu. Die friedliche Wirklichkeit Madrids ist in diesem Straßenwinkel vor allen Winden geschützt – mehr geschützt als irgendwo anders.

Darum ist es so angenehm, dort zu sitzen und zu essen, denn man ißt den neugeborenen spanischen Tag in seiner zartesten, gegenwärtigsten Konzentration.

Ich habe viele Tage dort verbracht, meine lebendigste Erinnerung als Journalist verdanke ich diesem Ort, wo ich vielleicht zum ersten Mal in meinem Leben spürte, daß ich in meinem Volk Wurzeln faßte. Das war vor fünfunddreißig Jahren, als ich in ein Messergeschäft ging, um ein kleines Taschenmesser zu kaufen, und als ich dort einen Artikel von mir, der in einer der Morgenzeitungen dieser Tage erschienen war, als Bild gerahmt und mit einer Glasscheibe versehen, erblickte.

Der Ladeninhaber erkannte mich nicht, und ich gab mich auch nicht zu erkennen, aber diese Geste des Verstehens beeindruckte mich sehr, denn damals war die Literatur, die ich schrieb, schwer verständlich, und in diesem Artikel wagte ich, viele Dinge auszusprechen. Ich ließ es zum Beispiel dahingestellt sein, daß in diesen aufblitzenden, frisch geschärften Schleifereien vielleicht das Messer verkauft wird, mit dem die Schwiegermutter getötet wird, oder das gefährliche Messer des Schinkenverkäufers, das Messer für den Sockenhalter bis hin zum Messer mit Inschriften, vor denen Gott uns beschützen möge.

Zur Rinconada de Cuchilleros gelangt man wie zu einem idyllischen Winkel zu Fuß und erhobenen Hauptes, als wollten wir uns sammeln, um die stattliche Imposanz des weiter oben errichteten Madrid besser und in Ruhe auf uns wirken zu lassen.

Man muß diese Route, die schon ein wenig ausgetreten ist, ganz genau kennen, um die umherirrende Pilgerschaft, zu der die königliche Stadt einlädt, zu verstehen und geduldig auf sich zu nehmen.

Die Wirkung, die die Plaza Mayor ausübt, ist stark, und darum muß man Nebenstraßen und Schutzinseln suchen, ihrem herausfordernden Licht entfliehen, indem wir uns in eine kleine Nebenstraße zurückziehen. So könnten wir auch in der Calle de Rodrigo anhalten, der Straße der Escabecheros, in der man, allein den Escabeche, den marinierten Fisch, riechend, einige Tage verbringen könnte, ohne irgend etwas zu essen.

Ohne kleine verwinkelte Seitenstraßen geht es nicht in einer Stadt mit hohem, gleißendem Oberlicht. Wir brauchen sie wie die Biegung in einem Augenblick unseres Lebens, in der wir unerkannt bleiben können. Treibt uns ein arabisches Erbe in die kleinen Gassen?

Tatsache ist, daß wir, empfindlich für das Licht und seine Werbung, oft die kleine Gasse oder den stillen Winkel hinter den hohen Mauern brauchen.

Cuchilleros ist die ideale Straße für das Entweichen vor den allzu neugierigen Giraffen, die uns verfolgen.

Autos, Kutschen, Lastwagen, Maultiere, deren Körbe abgeladen werden müssen, Geflügelkäfige, ein Verkehr, der eine Ruhepause oder einen Punkt der Ankunft und der Abfahrt braucht, hier schlägt er sein Lager auf.

Wir sind im ersten Ring der Stadt, in ihrem verborgenen Tal, das von Paravents geschützt wird, in einer Gangschaltung der Lastwagen, die den zweiten Teil ihrer Erkundungsfahrten wählen müssen.

Wir wissen, was wir tun, wenn wir zu Cuchilleros kommen, im Schatten und in Reichweite des Marktes San Miguel, von dem das Stroh der Verpackungen und Gemüsestrünke herübergeweht werden.

Die Wirklichkeit Madrids ist dort, in einem Winkel der Ruhe, greifbar, sichtbar, ratgebend.

Wir versorgen uns mit Proviant für unsere Beobachtungen, stärken uns mit der Persönlichkeit Madrids, bereiten uns darauf vor, durch die Puerta Cerrada hinauszugehen, die Cruz Blanca zu grüßen und wieder umkehrend zum Zentrum über den Umweg durch andere notwendige und geliebte Straßen zurückzugehen.

Cuchilleros hat uns bestärkt in dem Gedanken, daß es ein ewiger Spaziergang von Verliebten ist, durch Madrid zu spazieren.

Noch am gleichen Abend verspürten wir wieder das Verlangen und kehrten zur Cuchilleros zurück, wie zu einem Empfang beim Schein von Petroleumlampen.

Wir bekräftigen beim Licht der Straßenlaternen, was wir bei Tageslicht sahen, und setzen uns in den Speiseraum, um uns noch einmal über alles Gesehene zu vergewissern.

Blasse Spanferkel, an einem kühlen, gekachelten Ort aufbewahrt, erwarten uns zufrieden in ihrem Tod, der voller Unschuld ist.

Der Valdepeñas, der Fett und Schwerverdauliches auflöst, füllt die Krüge.

Wir sind am Rande der Stadt, auf ihrer Kehrseite, damit wir über sie nachdenken können, damit wir das Brot ihrer jüngsten Geschichte essen, um dann, wenn das Resümee getan ist, wieder auf die Straße hinauszugehen, dort die Lotterieverkäuferinnen zu treffen, die unter den Wölbungen ihrer Schürzen den Erben des großen Reichtums zu tragen scheinen, während sie uns einen Anteil an der Erbschaft feilbieten.

Herausgefordert durch die Lotteriescheine und froh, daß wir aus dem alltäglichen Stierkampf unverletzt hervorgegangen sind, münden wir wieder in die ebenen Straßen ein, denn Treppen soll man hinuntersteigen, aber man soll sie nicht hinaufgehen.

Merluza a la madrileña

Wie kann ein gemeiner gebratener Kabeljau Gegenstand der Sehnsucht sein? Nun, er ist es, und nicht nur eines Spaniers, sondern eines Lateinamerikaners von so gutem Geschmack wie es Alfonso Reyes gewesen ist.

Ich habe gehört, wie Alfonso Reyes * mit besonderem Genuß über unsere Merluza a la madrileña sprach.

»Oh, diese wunderbare Merluza a la madrileña!«

Man muß sich davon überzeugen, daß sich der Fisch in Madrid verändert, daß er einen besonderen Charakter annimmt, daß er madrilenisch wird.

Zuloaga *, der Sardinen in der Nähe seines Hauses im Baskenland fischte, pflegte in die Tavernen der Calle Mayor zu gehen, weil er dort die echten Sardinen mit dem höfischen Madrider Geschmack fand, wenn er darüber meditierte, in diesem meditativen Madrid, wie ihr Geschmack zu sein hätte.

In diesem Ambiente von Madrid, das über alles genau Bescheid wissen will, schmeckt die Languste nach Venusmuschel und birgt ein Krebs die ganze Würze des Meeres unter den Klippen in sich.

Und sprechen wir nicht von der Fischmarinade, die Gelehrte ihrer selbst wird und genossen werden kann, ohne daß man sie ißt.

Nichts aber ist so repräsentativ für Madrid wie die gebratene Merluza a la madrileña.

Ihr Geheimnis liegt in ihrer Bescheidenheit.

Nichts von Panieren, nichts von schwimmendem heißen Öl wie in Andalusien, jede Scheibe wird einfach gebraten wie man ein Ei brät.

Niemand hat das vor sich hin Bruzzelnde wichtig genommen, der Koch hat nur einen Blick darauf geworfen, und dann kommt die Merluza knusprig heraus, adrett, frisch wie eine Meereskeule, nicht zerfallen, aber auch nicht hart, ein Lied des Meeres, eine Barkarole.

Der Kellner, der Barkeeper, alle, die nicht Merluza bestellt haben, sehen sie voller Neid, sie wissen, was für eine Schönheit auf dem stockfischfarbenen Teller wie eine Prämie zerteilt wird.

Wenn man diese Merluza ißt, wird man von einer beginnenden Grippe geheilt, wird einem bedrückenden Vorgefühl der Rettungsring umgeworfen.

Es ist eine Lektüre des Meeres, und die Mittelgräte findet man wie das Geschenk der Torta de Reyes.

Die Merluza schmeckt nach La Coruña – und nicht nach Mittelmeerküste –, sie erinnert an die weißgetünchten Aussichtstürme Galiziens, deren Augen voller Licht sind, sie wird aber in Spaniens Hauptstadt, die weder Sandstrände noch Steilküsten hat, gegessen.

Vom Rund des Kabeljaustücks ist es gut, zur Arena der Puerta del Sol hinüberzugehen, in der sich etwas vom Schoß des Meeres verschanzt hat, damit man sich in der Landschaft aus Fleisch und Fisch des Landesinnern vollwertig ernähren kann, sich eine doppelte Weste für den späteren Spaziergang anlegen kann, für den Fall, daß ein frischer Windzug um die Ecke weht.

Calle de Fúcar

Die Calle de Fúcar, die zwischen Häuserparavents versteckt liegt, scheint ihren Namen einem alten Quellbrunnen oder einer längst vergangenen Schlacht in Flandern zu verdanken.

»Wo wohnen Sie jetzt?«

»Ich wohne in der Calle de Fúcar.«

Und dabei denken der Freund, der die neue Adresse erhält, und derjenige, der sie gibt, nur daran, daß es sich um eine ruhige, abgeschiedene Straße handelt, deren Inneres sehr viel madrilenisches Flair haben muß.

Sie hat die Bestimmung, daß man gut in ihr lebt, und sie hat Balkone, die auf das undramatischste Viertel der Stadt hinausgehen, unbeschadet der Tatsache, daß in ihr Dramenschreiber wohnen.

Die Hausmädchen, die in den morgendlichen Stunden des Saubermachens dann und wann ihre Staublappen aus den Balkonfenstern ausschütteln, denken sich nichts dabei, daß sie den verachteten Staub auf die lange Zeit bedeutendste Goldmine, auf das Schoßbett der königlichen Schätze, rieseln lassen.

In vergangenen Jahrhunderten wurde allein dadurch Optimismus geweckt, daß man sagen hörte: »Die Fugger haben geschrieben«, »die Fugger haben gegeben«, »die Fugger haben versprochen«...

Sie bewerkstelligten in Deutschland die Kandidatur Karls V. und erreichten, daß die Kurfürsten sich mit dem Kaiser verbündeten und sich seinen Unternehmungen anschlossen.

Im Grunde hat Spanien sie so getauft, weil man sich nach spanischer Sitte Namen aneignet, indem man sie verändert, und dadurch wurden die Fugger, ein Wort, das sich vom lateinischen *fuccare* ableitet, was färben bedeutet und ihnen gut zu stehen kam, denn sie waren Tuchhändler und Färber, ein für allemal zu den Fúcares.

Sie leisten den Königen von Spanien große Dienste und leihen ihnen Geld für ihre Kriege, obwohl der König sehr drängen muß, denn seine flandrischen Soldaten wollen nicht weiterkämpfen, wenn sie nicht einmal ihren Sold erhielten.

Die Fugger verstanden sich darauf, daß das Geld im Umlauf blieb, daß es an einem Ort eingezahlt und an einem anderen, fernen Ort eingelöst werden konnte, was die allerschwierigste Operation der Welt war und Jahrhunderte später noch einmal genauso schwierig wie damals werden sollte.

Sie wollten auch in Amerika einsteigen und unterbreiteten dem Consejo de Indias ihre ehrgeizigen Pläne. Dieser versprach, daß ihnen alles, was sie in acht Jahren entdecken sollten – und nicht die Regierungsgewalt Pizarros berührte – gehören sollte. Aber glücklicherweise erschraken sie, bekamen Angst vor der Conquista, merkten nicht – denn sie waren keine Spanier –, daß die Conquista Inspiration war, Glaube, geistige Herrschaft – Träume von Träumen – und nicht nur kaufmännisches Unterfangen.

Sie beuteten Minen in Spanien aus, die Mine von Almadén – die Mine per se, denn Almadén ist die arabische Bezeichnung –, stritten sich mit dem Fiskus über den Umfang ihrer Geschäfte. Es haben sich Briefe ihrer Mittelsmänner erhalten, in denen sie erklären, daß sie einem Richter hundert Dukaten zukommen ließen, weil »der Wagen nicht fährt, wenn man ihn nicht schmiert«.

Philipp II. wurde es zuviel, und er verfügte die Abschaffung der Monopole, verbot die Abtretung der Gewinne an einzelne und nötigte ihnen Staatsanleihen zu fünf Prozent auf.

Die Fugger verloren an Bedeutung, ihre Niederlassung in Madrid erwog, wie sie sich am besten aus dem Unternehmen zurückziehen konnte. Geheime Boten brachten vertrauliche Nachrichten ins Augsburger Kontor.

Noch verhandelten sie weiter mit dem König, denn obwohl sie bereits dem beginnenden Verfall des spanischen Reichtums zusahen, blieben ihnen immer noch die Perlenschnüre ihrer letzten Colliers.

Spanien jedoch befand sich noch mitten im Siglo de Oro, aber nicht durch die Fugger, sondern durch seinen Geist, der in Cervantes, Lope de Vega und Quevedo, die nicht einen Dukaten von den Geldgebern des Jahrhunderts erhielten, sublimiert ist.

Bereits unter Philipp IV. griffen die Fugger, durch den Staatsbankrott in Alarm versetzt, auf andere Bankiers zurück, damit diese sie vertreten, während sie sich selbst immer mehr zurückzogen. So retteten sie das Haus der Fugger in Augsburg vor dem spanischen Abenteuer.

Der letzte Madrider gewordene Fugger, immer das Summen der Fliege am Ohr, war Pfandleiher der königlichen Geschmeide, mißtrauischer Gläubiger in wachsender Verarmung, den Verfall des spanischen Weltreichs mit ansehend, der sich zwar in weiter Ferne langsam vollzog, aber auch schon Vorzeichen am Horizont der Casa de Campo* hinterlassen hatte.

Spanien begann wieder, ein autonomeres, wenn auch viel bescheideneres Leben zu führen, und von der Zusammenarbeit mit den Fuggern ist nur diese freundliche Straße geblieben.

Keine andere Erinnerung also an das große Bankett der Millionäre, außer daß im Diccionario de la lengua das Wort fúcar unter der Bedeutung »sehr reicher, wohlhabender Mensch« aufgeführt ist. Obwohl heute niemand mehr sagt: »Das ist ein Fugger«, um einen einflußreichen Finanzmann zu bezeichnen.

In der Tat bleibt von allen diesen Geschichten nur diese unauffällige Straße, die schon gar nicht mehr recht weiß, woran sie sich in ihrer Etymologie halten soll, und eine Erinnerung an einen Fluß, ein quevedisches Zuckergußdorf oder eine vergangene Schlacht zu sein scheint.

Nur manchmal fühlt der Passant, daß ein frischer Wind durch sie geht. Er kommt aus den Kellergewölben, in denen die Schatztruhen, die Vorläufer der Tresore, aufbewahrt wurden, und ist durchdrungen von diesen Vorratskammern des Goldes, denen immer ein besonderer Geruch anhaftet.

Der Inbegriff des Geldgebers jener Zeiten lebt seit langem inkognito, und darum nennt derjenige, der in der sympathischen Calle de Fúcar lebt, seine Adresse ohne jedes übertriebene Gefühl von Stolz.

Über ein Kalenderblatt

In einem Fotoalbum, das ich in einem Antiquariat gekauft habe, lag ein altes Kalenderblatt. Das ist mir schon viele Male passiert, und immer halte ich inne und denke darüber nach, was dieses Blatt wohl für eine Bewandtnis hat, was es sagen will.

Diese authentische Seite aus dem Leben, dieses Blatt Papier der Zeit, kann nicht einfach unter die gedruckten Dinge abgelegt werden. Es ist etwas anderes.

Über das hinaus, was an sich das Verstorbene bedeutet, blieb der Kalender genau an dem Tag stehen, als das geliebte Wesen verschied. Es gleicht dem Tag, an dem sich das Leben des Verstorbenen erfüllte. Darum werfe ich es nicht weg. Es ist das beste Kompendium eines Lebens.

Das Kalenderblatt, das ich gefunden habe, ist von einem 24. Mai.

Aus welchem Jahr wohl mag dieses Kalenderblatt stammen?

Das aber steht nicht auf ihm und ist wohl auch schwerlich in Erfahrung zu bringen, denn es gab viele 24. Mai, die auf einen Sonnabend fielen und an denen San Juan Francisco de Regis, der Beichtvater, und San Robustiano und Santa Susana, beides Märtyrer, gefeiert wurden. Warum nur druckt man nicht auch die Jahreszahl auf die Kalenderblätter und schreibt die Namen der abgebildeten Personen unter die Fotos in den Alben?

Jener 24. Mai war das denkwürdigste Datum für denjenigen, der das Blatt aufhob, und zwar in nichts geringerem als in einem Familienalbum.

Das Papier ist gelblich, an den Rändern waffelfarbener als in der Mitte. In der Druckerschwärze seiner Zahlen und Buchstaben hustet die Tintenmikrobe vor Schwindsucht, die alle Dinge einmal befällt. Die Tinte verbleicht, verschwimmt, sie wird dünn, das Öl, das ihr beigemischt wurde, verwischt sich rundherum.

Die ganze Schrift ist trist, sie hat die dunkle Schattierung der Brummfliege angenommen, ist trocken, krustig, trostlos.

Der 24. Mai war damals sicher ein strahlender Sonnentag, an dem der Frühling gleich einer Königin, die Madrid besucht, in einer Pariser Kutsche durch die Calle de Alcalá gefahren kam, mitten durch die erwartungsvollen Menschen, die stehenbleiben und den Weg frei machen. Heute erscheint uns dieser 24. Mai, wenn wir nicht groß daran denken, daß es der 24. und Mai war, wie ein armseliger Wintertag, einer der Tage, an denen sich der Himmel vor Kälte zusammenzieht. »Bestimmt war es ein eiskalter Tag voller harscher Blätter und zurückgewandt auf die Vergangenheit«, geht es einem durch den Kopf.

Dieses lose Blatt, das versteckt in Familienpapieren oder in einem Gedichtband lag, macht einen trauriger als ein gepreßtes Stiefmütterchen, und ich habe wiederholte Male gedacht, daß ich an einem solchen Gedenktag, den ich durch Zufall entdeckt habe, auf den Friedhof gehen sollte, um das Datum, auf das mich das Schicksal hingewiesen hat, feierlich zu begehen.

Was auf der Rückseite steht, hilft nicht, sich besser zu orientieren. Doch ich habe es gelesen und einen Sinn darin gesucht. Da steht:

GEDANKEN

»Die Phantasie der Frauen verlangt mehr nach Zügeln als nach Sporen. Sie ist ein rebellisches Kind, das in Laufgurten geführt werden muß, damit es keine falschen Schritte tut.«

»Frauen wären immer tugendhaft, wenn sie ihr erstes Wort halten würden.«

»Eine sanfte Antwort glättet den Zorn.«

»Zum Rätsel von gestern: ›Besser spät als nie.‹«

Das steht auf der Rückseite, durch die die Vorderseite hindurchscheint, als wäre das Papier nicht materiell. Auch die Lösung des Rätsels mit seinem eigenartigen Nachklang bringt kein Licht in das, was an jenem Tag geschah.

Natürlich schließe ich am Totensonntag in meine Gedanken, die ich Gebeten gleich dem Andenken der Toten widme, diejenigen ein, deren Ableben mir ein Kalenderblatt anzeigte, das ich zwischen den Seiten eines Buches fand.

Ramón an seinem Stammplatz im Café Pombo

Fritz Rudolf Fries
Ramonismo

Das Bild der großen Städte stiften nachhaltig die Dichter. In einer Zeit, da sich die Metropolen, wie Baudelaire für das Paris des neunzehnten Jahrhunderts anmerkte, rascher und unheimlicher wandeln als unsere flüchtigen Charaktere, weht aus älteren Texten eine Nostalgie herüber, die einen Verlust festhält. Das Buch in der Hand, findet der Reisende den Ariadnefaden in die Vergangenheit. Der Text erhält, was längst vom Abbruch bedroht ist. Auch Madrid macht da keine Ausnahme. Den spanischen Klassikern des Goldenen Zeitalters war es ein Babel schlechthin; erst die Sittenbilder der Romantik differenzierten und verliebten sich ins impressionistische Detail. Nicht anders der Flaneur im vorigen Jahrhundert, der sich den großen architektonischen Zusammenhang, wie er sich heute als historische Postkarte beim Blick aus dem Sight-Seeing-Bus ergibt, erlaufen mußte. Jedes Babel ist dem Untergang geweiht. Der 1898 in Madrid geborene Dichter Dámaso Alonso nahm in seinem berühmten Gedicht »Schlaflosigkeit« die Bomben und Barrikaden des Bürgerkriegs voraus, wenn er schrieb: »Madrid ist eine Stadt von über einer Million Leichen (nach der letzten/Statistik)«. Alonso gehört zur Generation des 1888 geborenen Madriders Ramón Gómez de la Serna. Sein Madrid jedoch denkt nicht ans Sterben, es ist die heitere Geliebte des Spaziergängers, auch wenn Ramón, wie sich der Dichter nennen ließ, kein passionierter Fußgänger war. Er schlief zwischen halb neun Uhr morgens und zwei Uhr mittags. Dann arbeitete er. Seine Wohnung verließ er in der Nacht vom Samstag zum Sonntag. Es war ein Madrid der Schatten, mit denen er im heute verschwundenen Café Pombo seine Verabredungen traf. Ein Madrid der Erinnerung und der Bestandsaufnahme. Die *Nostalgías de Madrid* aber schrieb Ramón vom anderen Ufer der hispanischen Welt, als Exilant in Buenos Aires. Es ist die wiedergefundene Zeit seiner Kindheit und Adoleszenz, eine Stadt des tempo lento. Er beschreibt es für sich und für die vielen Spanier am Río de la Plata. Denn wer »den Cicerone macht und ein guter Madrider ist – denn davon hängt alles ab –, der weiß, welchen Knopf man an welcher Wand drücken, welches Zauberwort man an welchem Ort aussprechen muß, wie man den Zeigefinger zu heben hat vor dieser Terrasse oder jenem Turm... oder wie man vor der Kirche Santa Cruz sagt: ›Die höchste Burg in Spanien‹, und nur so wird der Fahrstuhl mit seinem Führer zum Regenbogen aufsteigen, der an jedem Tag, als ein Regenbogen von Dauer, den Himmel von Madrid verschönt...«

Fünfundzwanzig Jahre nach dem Tod Ramóns, der am 12. Januar 1963 in Buenos Aires starb, bedauert die spanische Tageszeitung »El País«, daß die »ohne Zweifel originellste Figur der gesamten spanischen Literaturgeschichte« heute so wenig gelesen werde. Schon zu Lebzeiten hatte sich Ramón über den mangelnden Absatz seiner Bücher beklagt, und während er Titel auf Titel häufte – es wurden mehr als hundertfünfzig –, kokettierte er damit, seine Bücher nicht verkaufen, sondern verschenken zu wollen. Sechzehnjährig hatte er 1905 zu publizieren begonnen. Der Vater, ein liberaler Politiker, half, und für eine Weile leitete Ramón eine den jüngsten Theorien vom Tage und dem Dadaismus verpflichtete Zeitschrift mit dem vielsagenden Titel »Prometeo«. Er muß ein unermüdlicher Arbeiter gewesen sein, und der bis in die späten Jahre täglich gelieferte Artikel brachte das Geld, das er mit vollen Händen ausgab, um sich die zwingende Notwendigkeit neuer Fron zu suggerieren. Unklar bleibt, wann er seine vielen Romane geschrieben, wann er die Recherchen angestellt hat zu den umfassenden Monographien spanischer Maler wie Velázquez, El Greco oder Goya, und die Bücher über die Kollegen Lope de Vega und Pirandello; die Wiedergeburt der Romankunst im neun-

Samstag nacht im Café Pombo

zehnten Jahrhundert; den Wegweiser durch Buenos Aires von 1951. Ein Refugium weitab von Madrid baut er sich am Strand von Portugal. Er verläßt es bald wieder. Seine Reisen durch Europa enden für eine Weile in Neapel. Der Roman »Die Frau aus Bernstein« (1937) ist eine Liebeserklärung an die Stadt, die eine spanische Vergangenheit hat. Im siebzehnten Jahrhundert hauste hier der Dichter Quevedo in diplomatischer Mission. Ramón schreibt seine Biographie, eine Huldigung an den vertrackten Humor des Barockdichters. Wie Quevedo kann auch Ramón auf die Dauer nicht ohne Madrid leben. 1915 widmet er dem Trödelmarkt von Madrid ein noch immer berühmtes Buch: *El Rastro*. Während die Romane Notate sein wollen vom »Traum des Lebens«, sind die beschreibenden Bücher, wie das wunderbare Zirkusbuch (*El Circo*, 1917), das Walter Benjamin lobte, Bekenntnisse einer Liebe, für die die Welt ein riesiger Rastro ist. Im aufgegebenen Gebrauchswert all dieser aus dem Verkehr gezogenen, gestrandeten Dinge trauern wir um uns selber; der Verlust einer Sinngebung denunziert die Illusion einer sinnstiftenden und anhaltenden Geschichte. Was am Ende bleibt und, aus dem Zusammenhang gerissen, absurd und lächerlich wirkt, im Kitsch endet (Ramón schreibt 1934 einen Aufsatz über »Das Kitschige« – *Lo cursi*), ist das Zeugnis des eigenen dahingegangenen Lebens. Eine Stadt wie Madrid produziert so immerzu Lächerlichkeiten, denen ein Betrachter wie Ramón die Aura ihrer Vergangenheit zurückgibt. Ramóns Texte sind, wie sein Biograph Luis S. Granjel schreibt, »barock in der Form, humoristisch in der Absicht«.

Ramóns Freundschaft zu dem Philosophen Ortega y Gasset entstand nicht nur aus der gemeinsamen Angst vor Krankheiten und dem Eifer, sich die neuesten Medikamente zu empfehlen; Ramón erfüllte auch auf besondere Weise Ortegas vieldiskutierte Forderung von einer »Vertreibung des Menschen aus der Kunst« (1925): »Alle Merkmale der neuen Kunst können in diesem einen zusammengefaßt werden, in ihrem ›Leichtgewicht‹, welches seinerseits nichts anderes besagt, als daß die Kunst ihre Stellung in der Hierarchie der menschlichen Beschäftigungen und Interessen gewechselt hat. Man kann sich diese in einer Folge konzentrischer Kreise angeordnet denken; ihr Radius gibt den dynamischen Abstand vom Lebenszentrum an, in dem unsere mächtigsten Strebungen wirken. Alle Gebilde – vitale und kulturelle – kreisen in Planetenbahnen um eine Mitte, von der sie mehr oder minder angezogen werden. Die Kunst also, die früher – gleich der Wissenschaft und Politik – der Lebensachse sehr nahe stand, ist an die Peripherie abgewandert. Sie hat keine ihrer eigentümlichen Attribute verloren, aber sie hat sich distanziert, sie ist unwesentlicher geworden. Von geringerem spezifischem Gewicht.«

Zehn Jahre später würde der spanische Bürgerkrieg Ortegas Thesen für eine Weile ad absurdum führen. Die ersten Schüsse in Madrid aber vertreiben Ramón auf immer aus der Stadt. Der vollmundigen Argumentation spanischer Dichter und Denker, die seit dem Verlust der letzten spanischen Kolonien um 1898 von einer Wende schwärmten, hatte Ramón die Zauberkunststücke seiner Texte entgegengehalten. Sein Publikum hielt er mit Vorliebe auf Abstand, wenn er von der Zirkuskuppel aus Vorträge hielt, um die ihn ein André Breton beneidet haben wird. Nun bringt er das Meer zwischen sich und Spanien. Von Buenos Aires aus beliefert er die Madrider falangistische Zeitung »Arriba« mit täglichen Kommentaren. Hatte man seine Romane und Monographien zunächst als die eines Emigranten geächtet und nicht gedruckt, so wurde er der erste Exilant, der in Francos Spanien wieder verlegt wurde. In seinen letzten Lebensjahren bereiste er es für mehrere Wochen an der Seite seiner jüdischen Frau Luisa Sofovich. Trotz vieler akademischer Ehrungen vermißte er den Enthusiasmus, die oft surrealen Bankette aus den legendären Tagen des »Pombo«. Seine Freunde waren entweder tot oder noch immer im Exil. Mit Kritik am neuen Staat hatte Ramón nie gespart; denn dieser wiederholte im Umgang mit Künstlern und Autoren die Fehler der Republik. Wer fähig gewesen wäre, »eine neue literarische Romantik zu beleben«, wurde übergangen: »Unsre künstlerische und literarische Revolution ist für die Gesellschaftsrevolutionäre so unverständlich, daß wir uns durchaus dem Verständnis ihrer simplen und vergänglichen Prämissen verweigern können.« Wo aber wäre dann der Ort des Dichters? Ramón schlägt für sich den »bescheidenen Elfenbeinturm« vor, den er so oft schon für sich aufgebaut und wieder zerstört hat.

Es sind Elfenbeintürme, die in Madrid oder Buenos Aires einem Rastro gleichen, Refugien eines Sammlers, der nichts dem Vergessen anheimfallen lassen will. Auf engstem Raum trifft sich die himmlische mit der irdischen Liebe, die eine in Gestalt eines Schaufenstermannequins, die andere die Ehefrau, auf dem gleichen Sofa. Der Sammler im Turm stimuliert mit den Cut-ups der Vergangenheit vor allem sein geniales Hauptwerk in Fortsetzungen – jene 1919 begonnenen Greguerías, die Jahr für Jahr ergänzt werden, sich aus-

Romantisches Bankett im Café Pombo

dehnen, einander entzünden, und die der eigentliche Kosmos des Ramonismo sind. Was aber ist eine Greguería? »Wir leben noch mehr durch Greguerías als durch Calorías.« In der Legierung von Humor plus Metaphysik sind sie das Gegenteil des umständlichen Romans. In der Greguería bewährt sich die Freiheit der Zerstörung, oder mit den Worten ihres Schöpfers: »Die Geschichte der Welt ist eine Geschichte von Destruktionen, und darum ist das Bewußtsein nur dann auf der Höhe seiner Sendung, wenn es die Zerstörung weitertreibt, verfeinert und zum Schicksal werden läßt.« Oscar Wilde könnte einer der Ahnherren der Greguería gewesen sein, wenn er pointiert: »Zuweilen ist selbst die Wahrheit wahrscheinlich.« Ramóns Humor ist oft Selbstverspottung:

»Wenn man geheiratet hat, bleibt einem nur noch die Freude, zu anderen Hochzeiten zu gehen. Aber auch das ist keine Freude mehr, sondern nur noch Schadenfreude.« Im Pastiche der Greguería werden Chronik und Novelle parodiert, wird das Sprichwort wie ein alter Anzug gewendet.

Geübte Ramón-Leser sind in seinen Texten immerzu auf der Jagd nach einer Greguería, die aus der Fassade der Beschreibung aufblitzt wie ein unerwartet erleuchtetes Fenster. In den Texten über Madrid verwandeln die eingestreuten Metaphern einer Greguería die Trauer um die verlorene Zeit in ein explosives Lachen.

Ramóns Madrid ist nur zufällig Hauptstadt und Mitte Spaniens. Der Flaneur bückt sich nach den Scherben und Namen, welche die Fugger und Augsburger und die Königshäuser der Habsburger und der Bourbonen zurückgelassen haben. Mehr noch als an deren Geschichte erinnert sich der nächtliche Spaziergänger, der ein Literat ist, an seine Kollegen, wenn er sich vor dem Denkmal Calderóns auf der Plaza Santa Ana verneigt und sich in den schmalen Gassen der Altstadt an die Zaubereien Lope de Vegas und Cervantes erinnert. Madrid, als maurische Festung Majrit oder Magerit um 931 erstmals erwähnt, wurde 1083 durch Alfons VI. von Kastilien für die Christenheit erobert. Bis ins fünfzehnte Jahrhundert machten kastilische Könige die Stadt hin und wieder zu ihrer Residenz, mochten sie aber nicht besonders. Auch der königliche Bürokrat Philipp II. residierte lieber in Valladolid, aber sein Sinn für Geometrie verlangte nach einer absoluten Mitte, nach einer Stadt zwischen Himmel und Erde, und so wird Madrid 1561 spanische Hauptstadt. Daß der Stadtpatron San Isidro ein Bauer war, dem die Engel beim Pflügen halfen, gibt der Stadt ihren Populismus, der sich notfalls auf den Beistand der Überirdischen verläßt. Das Volk von Madrid ist für Ramón der eigentliche novellistische Held; so in seinem Stierkämpferroman »Torero Caracho« von 1926. Aufgehalten wird Madrid auf seinem Weg in eine amerikanisierte Metropole von der Nostalgie in den Texten Ramóns. Werner Krauss, ein leidenschaftlicher Kenner des Ramonismo, schrieb dazu Anfang der siebziger Jahre: »Was die drohend geballte Stadt, die der kastilische Teller emporhebt, an Geheimnissen birgt, das wird für Ramón als Geheimnis seiner geistigen

Landschaft durch ihre Konturen lesbar. Er ist der letzte Kenner aller Winkelzüge, aller versteckten Lyrismen und verborgenen Abgründe in diesem spanischen Herzen, und sein Rhythmus schlägt in der Kühnheit dieser Schöpfung, ein spanisches Kardiogramm, das für die ›Anatomen des Geistes‹ – wie Gracián zu sagen pflegt – immer ein Kernstück der ergötzlichen Unterweisung bleiben wird.«

Erläuterungen

Litanei von Madrid

Soplillo; weiches, süßes Biskuit.

Kybele; bezieht sich auf den großen Brunnen mitten auf der Plaza de Cibeles, wo sich die Castellana und die Calle de Alcalá kreuzen; er zeigt den Wagen der Göttin, von einem Löwengespann gezogen.

Churros; traditionelle und immer noch beliebteste Frühstücksmahlzeit in Madrid; in heißem Fett gebratenes, leicht säuerliches Schmalzgebäck, das man, mit Puderzucker überstäubt, zum Kaffee nimmt.

Buñuelos; Blätterteiggebäck

Huesos de Santo; mit Eigelb und Zuckerwatte gefüllte Mandelhörnchen.

Sablista; Geldschneider, Pumpgenie.

El Gato Negro und El Gato Blanco

Las Navas (Navas de Tolosa); Dorf in der Provinz Jaén, berühmt für eine Schlacht, in der die christlichen Heere von Kastilien, Aragón und Navarra 1212 das maurische Heer der Almohaviden besiegten; gilt als Wendepunkt in der Geschichte Spaniens, denn mit ihr wurde der moslemische Vormarsch gestoppt; es begann die christliche »Reconquista«, die Rückeroberung Spaniens, die erst 1492 mit der Eroberung von Granada abgeschlossen war.

Navas de Toledo bei Madrid

Calle de Apodaca

Indien (indias); das spanische Kolonialreich in Lateinamerika.

Cocido; auf der Basis von Kichererbsen zubereiteter, variantenreicher Eintopf; eines der beliebtesten Gerichte von Madrid.

Der Phönix und die Gran Vía

Francisco Quevedo (1850–1645); zusammen mit Góngora der bedeutendste Lyriker unter den großen spanischen Dichtern des 17. Jahrhunderts.

Miguel de Unamuno (1864–1936); Schriftsteller, Rektor der Universität Salamanca und intellektueller Kopf der sog. ›Generation von '98‹.

Calle de la Montera

Azorin (1873–1967); eigentlich: José Martinez Ruiz; Schriftsteller; zusammen mit Unamuno, Pio Baroja, Valle-Inclán und Antonio Machado der wichtigste Repräsentant der ›Generation von '98‹.

Sonne im Parterre

Bärenfüße; Anspielung auf das Stadtwappen von Madrid, das einen aufrecht mit den Vordertatzen einen Baum fassenden Bären zeigt.

Teatro Martín

José Zorilla (1817–1893); der spanischen Romantik zugerechneter, sehr populärer Dichter; schrieb zahlreiche Versdramen und Legenden nach Motiven der spanischen Geschichte.

Autor von Mikro-Ideen; Gómez de la Serna spielt hier auf die von ihm selbst erfundenen »Greguerías« an; die Sentenz mit dem Spucknapf ist ein schönes Beispiel.

Pasaje de la Alhambra

Calle del Arco de Santa Maria; heute: Calle de San Marcos.

Joaquín Dicenta (1863–1917); spanischer Dramatiker und Romancier.

Los Bulevares

Diese Straße gibt es heute nicht mehr.

Castizo; echt, rein, urwüchsig, typisch

Plaza de Santa Ana

Mojama; getrockneter Thunfisch

Zum Rastro

Jetzt ergeht es mir hier manchmal so... in Ramóns Exil Buenos Aires.

La Moncloa

Francisco *Villaespesa* (1877–1936); Verfasser zahlloser Gedichte, Romane und historisierender Dramen.

Ramón del *Valle-Inclán* (1866–1936); einer der bedeutendsten spanischen Romanciers (»Frühlings-«, »Sommer-«, »Herbst-« und »Wintersonate«, »Tyrann Banderas« u. a.); gehört ebenfalls zur ›Generation von '98‹.

Das Haus Calderóns

Ramon del *Mesonero Romanos* (1803–1882); Schriftsteller, bekannt geworden unter dem Pseudonym »El Curioso Parlante«; schrieb vor allem über seine Heimatstadt Madrid.

Merluza a la madrileña

Alfonso Reyes (1889–1959); mexikanischer Dichter, Historiker und Essayist.

Ignacio *Zuloaga* (1870–1945); spanischer Maler.

Calle de Fúcar

Casa de Campo; ehemals königliches Jagdgelände; heute öffentlicher Park, unterhalb des Königsschlosses auf der anderen Seite des Manzanares.

Ramón Gómez de la Serna,

geboren 1888 in Madrid, starb 1963 im Exil in Buenos Aires.

Im Verlag Klaus Wagenbach lieferbar:
Die Wahrheit über Picasso und den Kubismus

Eine Auswahl seiner *Greguerías* erschien 1987
im Verlag Straelener Manuskripte und
1989 bei Silver & Goldstein.

Der Stierkämpferroman *Torero Caracho*
ist 1991 im Verlag Mathias Gatza erschienen.

Spanische Reise

Ramón Gómez de la Serna
Die Wahrheit über Picasso und den Kubismus
Das vielleicht ungewöhnlichste Buch,
das je über Pablo Picasso,
den »Künstler des Jahrhunderts«, geschrieben wurde.
Aus dem Spanischen von Elke Wehr.
SALTO. Rotes Leinen. 96 Seiten mit Bildern von Picasso

Camilo José Cela *Neunter und letzter Wermut*
Neunzehn Geschichten aus dem spanischen Leben
»Ohne die unter großen Schwierigkeiten schreibenden Autoren wie Cela und Delibes wäre die spanische Literatur einen ganz anderen, schlimmeren Weg gegangen.« FAZ
Aus dem Spanischen von Gisbert Haefs.
SALTO. Rotes Leinen. 96 Seiten

Luis Buñuel *Die Flecken der Giraffe*
Ein- und Überfälle
»Der Verlag hat eine erstaunliche Menge von typografischen Einfällen aufgewandt, um den Leser als Voyeur mit einer Vielzahl von bislang oft unbekannten Bildern aus Buñuels Leben und seinen Filmen zu überfallen.«
Wolfram Schütte, Frankfurter Rundschau
Aus dem Spanischen von Fritz Rudolf Fries und Gerda Schattenberg.
Blaues Leinen. 224 Seiten mit Bildern

Spanische Reise
Ein literarischer Reiseführer durch das heutige Spanien
Herausgegeben von I. Echeverria, C. L. de Lamadrid
und H. v. Berenberg
»Ein gelungener Reiseführer, unentbehrlicher als der Baedeker.« Göttinger Woche
Quartheft 155. 192 Seiten

Javier Tomeo *Mütter und Söhne. Roman über Monster*
»Ein beispielhafter Roman zwischen einem sehr diesseitigen Surrealismus und einer feierlichen wie exzessiven Phantasie.«
El Pais
Aus dem Spanischen von Elke Wehr. Quartheft 144. 128 Seiten

Javier Tomeo *Der Mensch von innen und andere Katastrophen*
»Tomeo ist ein würdiger Erbe des Don Quichote und seines Autoren Cervantes.« Mannheimer Morgen
Aus dem Spanischen von Elke Wehr. Quartheft 167. 96 Seiten

Luis Buñuel *Die Erotik und andere Gespenster*
Nicht abreißende Gespräche mit **Max Aub**
»Ein kurzweilig-kurioses, ein gescheit-informatives Buch.«
Süddeutsche Zeitung
Übersetzt von Barbara Böhme.
Wagenbachs Taschenbuch 203. 208 Seiten

Pierre Vilar *Spanien*
Das Land und seine Geschichte von den Anfängen bis zur Gegenwart
Geschrieben aus der überlegenen, zusammenfassenden Perspektive des älteren Gelehrten, zieht dieses Buch die Summe aus Vilars jahrzehntelanger, leidenschaftlicher Beschäftigung mit Spanien und seiner Geschichte.
Aus dem Französischen von Wolfgang Kaiser.
Wagenbachs Taschenbuch 217. 144 Seiten

Javier Tomeo
Das umstrittene Testament des Gaston de Puyparlier
Ein komischer Roman, ein teures Testament, eine einseitige Liebesgeschichte. Wahrheit und Fälschung, Liebe, Einsamkeit und Verzweiflung – Javier Tomeos große Themen, diesmal im Gerichtssaal kunstvoll kurz und klein geschlagen und beäugt durch die beschlagenen Brillen der erhitzten Kombattanten.
Aus dem Spanischen von Peter Schwaar. Quartheft 184. 160 Seiten

Madrid. Spaziergänge
erschien als zweiunddreißigster *SALTO* im September 1992

Der deutschen Übersetzung liegt die 1966 bei Espasa Calpe, Madrid, erschienene Taschenbuchausgabe mit dem Titel *Nostalgías de Madrid* zugrunde.
Die Übersetzung wurde aus Mitteln der Dirección General del Libro y Bibliotecas beim spanischen Kulturministerium gefördert.

Bildnachweis
S. 2, 7, 8, 11, 13, 17, 27, 42, 47, 95, 105, 111, 112, 131 und Nachsatz: *Memoria de Madrid*; fotografías de Alfonso; Madrid (Ministerio de Cultura) 1987. S. 4, 25, 51, 61, 65: Archiv für Kunst und Geschichte, Berlin. S. 38, 74: Bilderdienst Süddeutscher Verlag, München. Vorsatz: Ullstein Bilderdienst, Berlin. S. 70: H. Roger Viollet.

Der Einband verwendet ein zeitgenössisches Photo
vom Süddeutschen Bilderdienst
Gesetzt aus der Korpus Cochin
Gesamtherstellung Clausen & Bosse, Leck
Gedruckt auf chlor- und säurefreiem Papier
Leinen von Hubert Herzog, Beimerstetten
Printed in Germany.
ISBN 3 8031 1131 5